YINGKE
盈科律师事务所
YINGKE LAW FIRM

「律师说法」案例集（8）

韩英伟 ◎ 主编

中国商务出版社

图书在版编目（CIP）数据

"律师说法"案例集. 8 / 韩英伟主编. — 北京：中国商务出版社，2024.6

ISBN 978-7-5103-5162-4

Ⅰ.①律… Ⅱ.①韩… Ⅲ.①案例-汇编-中国 Ⅳ.①D920.5

中国国家版本馆CIP数据核字（2024）第093446号

"律师说法"案例集（8）

韩英伟　主编

出版发行：中国商务出版社有限公司
地　　址：北京市东城区安外东后巷28号　邮编：100710
网　　址：http://www.cctpress.com
联系电话：010-64515150（发行部）　010-64212247（总编室）
010-64515210（事业部）　010-64248236（印制部）
责任编辑：陈红雷
排　　版：北京墨知缘文化传媒有限公司
印　　刷：北京荣泰印刷有限公司
开　　本：710毫米×1000毫米　1/16
印　　张：16　　　　　　　　　　　字　　数：238千字
版　　次：2024年6月第1版　　　　　印　　次：2024年6月第1次印刷
书　　号：ISBN 978-7-5103-5162-4
定　　价：68.00元

凡所购本版图书如有印装质量问题，请与本社印制部联系
版权所有　盗版必究（盗版侵权举报请与本社总编室联系）

编委会

策　　划：郝惠珍
监　　审：车行义
主　　编：韩英伟
执行主编：侯晓宇　张建武
副 主 编：郭灿炎　张　璐　李炎朋
　　　　　王　瑞　林　玲　岳广琛

编　　者：(按拼音首字母排列)
　　　　　白雪娇　代现峰　高　庆　侯蒙莎
　　　　　胡克丽　怀向阳　刘园园　鲁　蕊
　　　　　庞立旺　曲衍桥　汤学丽　王光华
　　　　　温奕昕　武景生　赵爱梅　祝辉良

序言
PREFACE

2023年12月，赤橙黄绿青蓝紫七部《"律师说法"案例集》出版发行。在世界第二十九个读书日到来之际，《"律师说法"案例集》第八部即将问世！

你可能会问，代表七个颜色的一套书籍出完了还要继续？是的，《"律师说法"案例集》要伴随法治社会建设的进程不断更新不断添彩，不是出一个续集、一个系列……

《"律师说法"案例集》策划于新中国成立70周年，律师制度恢复40周年的2019年。出版这本书的目的是以案说法，推进律师制度深入发展，推动国家法治体系不断完善，推进全面依法治国目标和法治社会的实现，用身边的案例为群众答疑解惑，为法治建设添砖加瓦。

从2019年到2023年，《"律师说法"案例集》从理念到实践、从编辑到出版。7本书，7个颜色，735个案例。从反映人世间的现象到识别正确与错误的标准；通过善与恶、真与伪、好与坏的诉说和律师的评说，为公众学法、懂法、用法做出了引导。《"律师说法"案例集》让百姓认识到错综复杂的社会中，存在着赤橙黄绿青蓝紫般的生活，律师好比百姓面对迷茫时的一盏明灯。伴随着以案释法的传播、法治建设的全面推进，全民法治素养也在飞速提高，真实的案例让百姓真正了解了法律的精髓和法治宣传的目的。

"律师说法"案例集(8)

7本书7个颜色,《"律师说法"案例集》在中国法制的蓝天上铸造出一道靓丽的彩虹,也呈现出盈科17000名律师的责任心及盈科人普法的热心和信心。

经过五年的努力,"盈科律师一日一法"公众号已成为一个品牌,被200多家网站追逐传播,被千家万户推送。

2024年是中华人民共和国成立75周年,也是实现"十四五"规划目标任务的关键一年。当前我们国家正在大力推进制度型开放,高水平对接国际经贸规则。用法治建设营造市场化、法治化、国际化的一流营商环境,不但展现了我国对外开放的面貌,也增强了市场的吸引力。

从扩大落地签、电子签以及免签旅游等便利措施,到提升电子支付便捷性,为鼓励企业"走出去",我国采取了一系列举措,不断提升外籍人员来华工作、学习、旅游的便利度,给更多外国友人带来了更好的体验感。

盈科律所紧跟中央步伐,在大力开展涉外法律服务的同时,推出了用法律服务打造"一小时生态圈"的理念,用法律服务满足客户需求,用良好的商务环境推动企业优化增值服务。《"律师说法"案例集》将为更多"走出去"的企业和个人提供帮助,提供法律借鉴和参考。

借船出海,面对中国企业"走出去"的开放机遇及以人工智能为代表的新一轮高科技浪潮,盈科律师要积极迎接人工智能为法律服务带来的挑战,学习数字经济,数据要素交易、确权、共享等方面的制度规则,借助数智化、数据化,提高法律服务的效率,更重要的是打造个性化、精准性服务,更好地满足不同客户的需求。积极适应新质生产力发展的需求,提升自身的专业素质,关注科技前沿信息,努力做一个"既懂法律,又懂行业,还懂经济"的好律师。正值社会需要,我们刚好专业。

繁花似锦,香飘满园。

《"律师说法"案例集(8)》是第二套系列丛书的第一部,该案例集封面采用春分时刻的北斗星图案,象征新的开始、新的希望、新的起点。在老百姓遇到法律问题时,为其点燃希望,弘扬公平正义,为法治中国建设贡献律师的力量。

序　言

　　我要向贡献案例的同仁、编写案例的律师、关注此书的朋友、阅读此书的读者、转发案例的媒体、一直关注并给予支持的网友、提出意见和建议的专家，表示最衷心的感谢！

　　谨此祝贺《"律师说法"案例集（8）》的出版，隆重推荐这本书，希望你能喜欢。

北京市盈科律师事务所创始合伙人、名誉主任　**郝惠珍**

2024年4月23日于北京水岸会所

目录

第一部分 民事法篇

1. 怀疑子女并非亲生，法院为何驳回诉讼请求？ 怀向阳 / 3
2. 租赁的车辆发生交通事故受损，被保险人要求理赔是否支持？ 鲁蕊 / 4
3. 支付购房款未达百分之五十，为何排除房屋的强制执行？ 武景生 / 6
4. 住户骑共享单车，物业拦截是否构成侵权？ 袁方臣 / 8
5. 与二手车公司销售员签订合同，能否退一赔三？ 张建武 / 10
6. 《民法典》生效前所签合同，是否适用一年除斥期间？ 侯蒙莎 / 12
7. 分家析产协议约定免除养老义务，法院如何判决？ 李炎朋 / 14
8. 妻子与他人通奸，丈夫能否得到赔偿？ 高庆 / 15
9. 同一被保险人的两车相撞，保险公司如何赔付？ 鲁蕊 / 17
10. 患者胆囊术后死亡，为何获赔一百多万元？ 陈世豪 / 19
11. 遗赠协议超过六十日，是否无效？ 祝辉良 / 22
12. 商标构成"以其他不正当手段取得注册"，为何无效？ 汤学丽 / 24
13. 购买宅基地，拆迁后是否给卖方补偿？ 王瑞 / 25
14. 未办理抵押登记，可否实现担保功能？ 庞立旺 / 27

序号	标题	作者 / 页码
15.	骑手配送时致路人受伤，谁来负担赔偿责任？	林　玲 / 29
16.	举办婚礼未登记，彩礼如何判决？	李炎朋 / 32
17.	未签订书面合同，请求支付合同款能否得到支持？	白雪娇 / 33
18.	用假离婚证办理结婚，如何定罪量刑？	温奕昕 / 35
19.	未投保交强险的交通事故无责方，是否承担责任？	杨柳青 / 37
20.	环卫工人在工作时中毒，谁来承担责任？	李炎朋 / 39
21.	房屋继承分割后，能否要求垫付购房款？	白雪娇 / 41
22.	购买二手车发现被调表，是否可以主张赔偿？	岳广琛 / 42
23.	赠与合同和遗嘱，为何认定无效？	王　瑞 / 46
24.	银行卡被盗刷起诉赔偿，法院如何判决？	庞立旺 / 48
25.	刑事赔偿款超出退赔额，法院如何判决？	林　玲 / 50
26.	离婚协议对房屋的约定，能否排除强制执行？	武景生 / 51
27.	办理赠与过户手续，能否撤销赠与房产？	白雪娇 / 53
28.	起诉离婚的一方存在过错，法院如何判决？	怀向阳 / 55
29.	十年前的烂尾工程，如何成功追偿？	祝辉良 / 56
30.	人工智能生成行业报告，他人转载是否会侵权？	吴　伟 / 59
31.	行使代位权未果再主张债权，法院如何判决？	庞立旺 / 62
32.	买卖合同约定"罚款"，法院如何判决？	林　玲 / 64
33.	被执行人维持生活必需住房，可以申请拍卖清偿吗？	武景生 / 66
34.	保管他人银行卡，是否有权处分卡内款项？	石丽莎 / 68
35.	解除《特许授权合同》后，加盟费及履约保证金是否退回？	侯蒙莎 / 70
36.	网红主播辱骂他人，受害人如何维权？	张　璐 / 72
37.	自愿支付超过四倍的利息，是否需要退还？	侯晓宇 / 75
38.	执行自愿达成的以物抵债协议，是否有效？	武景生 / 78
39.	没有借条，为何认定继母与继子夫妻形成借贷关系？	王　瑞 / 80

40. 保险格式条款理解发生争议，法院如何判决？……………… 侯蒙莎 / 82
41. 拒不履行债务和解协议，是否承担违约金？………………… 庞立旺 / 85
42. 没有签订买卖合同没有交货记录，为何成功维权？………… 王光华 / 87
43. 有借条和取款凭证，为何没有认定借贷关系？……………… 王　瑞 / 89

第二部分　刑事法篇

44. 涉嫌骗取贷款二十七亿，二审为何发回重审？……………… 韩英伟 / 93
45. 组织跨境赌博，检察院为何不起诉？………………………… 代现峰 / 97
46. 非法集资八百余万元，如何定罪量刑？……………………… 张建武 / 99
47. 涉嫌开设赌场罪，为何不批准逮捕？………………………… 曲衍桥 / 101
48. 业主委员会主任挪用资金，如何定罪量刑？………………… 袁方臣 / 103
49. 醉酒后殴打辅警涉嫌妨害公务罪，为何判处缓刑？………… 娄　静 / 105
50. 制作"黑客软件"获取人脸照片，如何定罪量刑？………… 郭灿炎 / 107
51. 王某聚众斗殴，检察院为何决定不起诉？…………………… 温奕昕 / 110
52. 刷卡消费透支，为何构成信用卡诈骗罪？…………………… 赵爱梅 / 113
53. 熊某参加黑社会性质组织罪，为何被撤销？………………… 韩英伟 / 115
54. 酒后多次脚踹警察，法院如何定罪量刑？…………………… 侯晓宇 / 117
55. 康某交通肇事致人死亡，检察院为何不起诉？……………… 李炎朋 / 118
56. 公安局原副局长黄某，为何构成包庇、纵容黑社会性质组织罪？………
　　　　　　　　　　　　　　　　　　　　　　　　　　　　 韩英伟 / 120
57. 涉嫌非法采矿罪、非法占用农用地罪，检察院为何决定不起诉？………
　　　　　　　　　　　　　　　　　　　　　　　　　　　　 宋庆珍 / 122
58. 未认真审核涉黑案件罪犯减刑材料，为何构成玩忽职守罪？………
　　　　　　　　　　　　　　　　　　　　　　　　　　　　 赵爱梅 / 126

59. 截留合法经营收入不入账，为何构成私分国有资产罪？ …… 岳广琛 / 127

60. 传来证据认定参与黑社会性质组织罪，是否合法？ ……… 韩英伟 / 130

61. 许某殴打父亲致其死亡，为何判处死刑？ ……………… 高　庆 / 132

62. 涉嫌重大劳动安全事故罪，检察院为何不起诉？ ………… 朱　榕 / 134

63. 判决退赔诈骗款近千万，为何撤销？ ……………………… 邱　跃 / 136

64. 拒不执行离婚和解协议，如何定罪量刑？ ………………… 温奕昕 / 138

65. 被继承人生前的转账，能否被认定为债权？ ……………… 白雪娇 / 140

66. 涉嫌假冒注册商标罪，为何未批准逮捕？ ………………… 刘园园 / 142

67. 开设网络赌场"诈赌"，为何认定诈骗罪？ ……………… 张　璐 / 144

68. 涉嫌合同诈骗九千万，为何判处两年零四个月？ ………… 曲衍桥 / 146

69. 民警涉嫌玩忽职守罪，二审为何改判无罪？ ……………… 韩英伟 / 148

70. 恶狗伤人，主人为何犯过失致人重伤罪？ ………………… 张　颖 / 150

71. 禁渔期内违法捕鱼，法院如何判决？ ……………………… 李炎朋 / 152

72. 拒不履行法院生效法律文书，如何定罪量刑？ …………… 邓凤文 / 154

73. 伪造、印刷、买卖临时车号牌，如何定罪量刑？ ………… 温奕昕 / 155

74. 开设赌场抽取头薪，如何定罪量刑？ ……………………… 张　璐 / 157

75. 法定代表人涉嫌职务侵占罪，为何未批准逮捕？ ………… 刘园园 / 159

76. 公司员工涉嫌职务侵占罪，检察院为何不起诉？ ………… 代现峰 / 161

77. 杨某受贿五百多万，为何减轻处罚？ ……………………… 高　庆 / 164

第三部分 公司法篇

78. 知名产品注册商标被擅用，如何维权？ …………………… 汤学丽 / 169

79. 认缴出资股东转让股权后，为何判决承担责任？ ………… 曲衍桥 / 171

80. 公司无财产追加股东并执行，法院如何判决？ …………… 张学琴 / 173

目录

81. 加工定做设备产品不合格，是否可以解除合同？ ········ 侯蒙莎 / 175
82. 损害作品信息网络传播权案件，电信运营商为何胜诉？ ··· 汤学丽 / 177
83. 暴雷开发商的商票无法兑现，如何有效实现债权？ ········ 胡克丽 / 179
84. 公司高管违反竞业禁止义务，为何被判刑？ ············ 侯蒙莎 / 181
85. 郑某与郭某签订的民办非企业单位股权转让协议，为何有效？ ·· 岳广琛 / 183
86. 回购条款有效，为何驳回诉讼请求？ ·············· 侯蒙莎 / 185

第四部分 劳动法篇

87. 交通事故支付工伤赔偿后，能否主张车上人员责任险？ ··· 鲁 蕊 / 191
88. 用人单位解除劳动合同，为何败诉？ ·············· 胡兴锋 / 193
89. 身体两处伤残，残疾赔偿金如何支付？ ············ 刘园园 / 195
90. 达到法定退休年龄，是否享受一次性工伤医疗和伤残就业补助金？ ·· 石丽莎 / 199
91. 董事会解除总经理职务，能否作为解除劳动关系的依据？ ·· 王光华 / 201
92. 超过退休年龄，是否可以认定工伤？ ·············· 谢 雯 / 205
93. 群发邮件反馈工作情况被辞退，为何获赔七十余万元？ ··· 胡克丽 / 209
94. 为承包方提供劳务时受伤，发包方为何承担连带赔偿责任？ ·· 岳广琛 / 211

第五部分 行政法篇

95. 签订十年的拆迁协议，法院为何认定无效？ ·········· 祝辉良 / 217

— 5 —

96. 不符合免税条件进行申报，是否认定为偷税？ ……………… 吴　友 / 219
97. 税务处罚决定书，为何法院确认违法？ ………………… 张　毅 / 222
98. 交通协管员开具的行政处罚决定书，是否合法？ ………… 侯蒙莎 / 224
99. 机场安检查出电子点烟器，罚款是否合法？ ……………… 高　庆 / 227
100. 工作中坠落引发脑梗，为何不予认定工伤？ …………… 岳广琛 / 228
101. 无证运输珍稀贝壳被行政处罚，是否合法？ …………… 庞立旺 / 231
102. 商标申请驳回后复审，二审为何撤销一审判决？ ……… 林　玲 / 233
103. 因未告知听证权利，法院如何判决？ …………………… 高　庆 / 235
104. 永久基本农田内建猪场，镇政府随意强拆合法吗？ …… 刘　崴 / 237
105. 行政行为违法，为何不予撤销？ ………………………… 于创开 / 238

后　记 ……………………………………………………………………… 240

第一部分 民事法篇

DIYIBUFEN MINSHIFAPIAN

1. 怀疑子女并非亲生，法院为何驳回诉讼请求？

□ 怀向阳

【案情简介】

2000年9月19日，梁某（男）与刘某（女）登记结婚。2001年8月20日，生有一子，起名刘甲（曾用名：梁甲）。

2013年8月19日，梁某与刘某因夫妻感情不和协议离婚，双方约定刘甲的抚养权归刘某。后梁某认为刘甲并非自己亲生，且梁某与刘某离婚后，刘甲已经更名换姓。刘某明知刘甲不是梁某亲生，故意隐瞒真相，欺骗梁某为其抚养孩子，其行为已经侵害了梁某的合法权益，故梁某起诉至法院，请求：1. 刘某、刘甲返还梁某抚养费432000元；2. 刘某赔偿梁某精神损害抚慰金100000元；3. 诉讼费由刘某承担。

【判决结果】

驳回原告梁某全部诉讼请求。

【律师解读】

《民法典》第一千零七十三条规定，对亲子关系有异议且有正当理由的，可以向人民法院提起诉讼，请求确认或否认亲子关系。父或母向人民法院起诉请求否认亲子关系，提供必要证据予以证明，另一方没有相反证据又拒绝亲子鉴定的，人民法院可以认定否认一方的主张成立。

亲子关系是家庭关系中重要组成部分，亲子关系变化属于人身关系的重大改变，直接影响家庭和社会关系稳定，在请求确认或否认时，应当提供充分证据予以证明。

本案中，梁某与刘某结婚后11个月余始育刘甲，属于夫妻婚内正常生育子女。梁某与刘某感情不和离婚后，现梁某在无必要确定证据之情况下，仅以外貌长相、姓名更改等理由否认与刘甲存在亲子关系，不能得到法院的支持。因此，法院依据《中华人民共和国民法典》第一千零七十三条及《最高人民法院关于适用〈中华人民共和国〉婚姻家庭篇的解释（一）》第三十九条第一款之规定，判决驳回梁某的全部诉讼请求。

综上所述，确认亲子关系主要依赖亲子鉴定结果以及相关的证据支持，同时还要考虑到法律规定和双方提供的信息。法院在审理此类案件时会综合考量各种情况，确保亲子关系的确认既符合法律规范又符合科学原则。

2. 租赁的车辆发生交通事故受损，被保险人要求理赔是否支持？

□ 鲁 蕊

【案情简介】

2021年2月4日19时20分，在某市某区路段，何某驾驶车辆由南向北行驶，与同方向驾驶小型轿车的胡某、驾驶小型越野客车的张某三车相撞发生交通事故，某市公安局某大队出具交通事故责任认定书，认定何某对本次事故负全部责任。

何某为A公司员工，涉案车辆在侯某万的姐姐侯某跃名下，侯某跃将车辆租给B公司，B公司将涉案车辆出租给A公司，每月租金8000元。B公司就涉案车辆在某保险公司处投保，被保险人为侯某万。租赁期限为2020年12月19日至2021年9月13日，保险合同期间为2020年4月15日至2021年4月14日。

事故发生后，侯某万向保险公司提起索赔申请，要求保险公司赔付其修车费38667.95元，保险公司以涉案车辆从事营业性运输或存在租赁合同为由，发生事故时不予赔付，并提交《租车服务协议》和《机动车综合商业保险保险单（电子保单）》。重要提示第四项载明，被保险机动车因改装、加装、改变使用性质等导致危险程度显著增加以及转卖、转让、赠送他人的，应通知保险人。该保单特别约定第五项载明，非营业车辆如从事营业性运输或租赁活动，发生保险责任范围内的事故，本公司不负责赔偿。

2022 年 12 月 19 日，侯某万向人民法院提起诉讼。

【判决结果】

被告某保险公司需赔付原告侯某万维修费 38667.95 元。

【律师解读】

本案件的争议焦点为某保险公司是否应当在商业险限额内承担保险赔偿责任？笔者意见是保险公司须承担保险赔偿责任，理由如下：

一、保险公司未对免责条款作特别说明及进行提示，对被保险人不发生效力

涉案条约免除了保险公司赔付的责任，此为免责条款。对保险合同中免除保险人责任的条款，保险人在订立合同时应当在投保单、保险单或者其他保险凭证上作出足以引起投保人注意的提示，对该条款的内容以书面或者口头形式向投保人作出明确说明；未作提示或者明确说明的，该条款不产生效力。保险公司未就该条款向 B 公司履行提示说明义务，且从保单形式上看，该约定内容字体与保单上其他字体一致，并无特别突出。故该约定对 B 公司及侯某万不发生效力。

二、B 公司将车辆出租的行为不属于营业运输范畴，车辆性质并未改变

B 公司在投保时约定车辆使用性质为非营业，非营业相对的概念为"营业"，《现代汉语词典》对营业的解释为"（商业、服务业、交通运输业等）经营业务"，即非营业的范畴应当排除经营业务。B 公司将车辆租赁给 A 公司，仅是将车辆作为一种工具租赁，从而收取租赁使用费用，该租赁行为并不等同于经营性运输。A 公司使用车辆的目的是接送公司领导上下班，并不是为了营利使用车辆，且保险公司未提交证据证明 A 公司利用车辆从事以牟利为目的的客、货运输。此外，B 公司的经营范围包括小微型客车租赁经营服务，B公司投保时，保险公司亦未对此提出异议。

B公司将车辆出租的行为不属营业运输范畴，车辆性质并未改变。

三、本案中，被保险车辆虽出租，但其危险程度并未增加，与非营运车辆无异

关于车辆是否属于营运车辆，应以保险期间被保险车辆的综合使用情况来分析，而不能单纯看是否进行了交易或产生收益。将车辆租赁给他人自用，使用用途亦是为日常出行所用，与私人生活用车并无本质性区别，不属于从事营业性质的运输，并不会导致危险程度显著增加。

第一，A公司承诺在租赁涉案车辆后，一直将车辆用于接送公司领导上下班，属于公司自用车辆，与一般非营业车辆使用方式无异。

第二，根据侯某万提交的GPS轨迹图，车辆日均行驶里程为60公里左右，行驶范围相对固定，亦未有明显超出自用车辆范畴的情形。B公司虽然将车辆进行了出租，但实际并未导致被保险机动车危险程度显著增加，所以既不能将其认定为营运车辆，其使用性质也未发生变化。

综上，保险公司"主张车辆改变使用性质导致危险程度显著增加而不予承担赔偿责任"缺乏依据。

3. 支付购房款未达百分之五十，为何排除房屋的强制执行？

□ 武景生

【案情简介】

2016年5月30日，许某与A房地产公司（以下简称A公司）签订《商品房购销合同》，约定许某购买A公司一套房屋，合同总价款为396230元。

2016年4月5日，许某共支付购房款166230元。

2017年8月25日，许某对案涉房屋进行装修，并交纳了2017年8月至2020年5月的物管费。

2020年12月15日、12月28日，不动产登记中心先后出具两份《证明》，载明：自2016年6月5日至2020年12月28日，无许某的不动产登记信息。

某建筑公司与A公司因建设工程施工合同纠纷，法院裁定查封、扣押、冻结A公司价值5000万元的财产。法院在执行上述裁定时，于2016年6月13日查封了A公司部分房屋，其中包括许某购买的房屋。

许某以其对执行标的享有合法权益为由提出执行异议。被驳回后，又提起执行异议之诉。

【判决结果】

一、判决撤销某县人民法院（2020）云执异号民事裁定；

二、不得查封云南省某县某路＊单元＊号楼＊室的房产（本案中许某购买的房屋）。

【律师解读】

实践中，商品房消费者向房地产开发企业购买商品房，一般不会及时办理房地产过户手续。房地产开发企业因欠债而被强制执行，人民法院在对虽登记在房地产开发企业名下但已出卖给消费者的商品房采取执行措施时，商品房消费者往往会提出执行异议，以排除强制执行。

对此，《最高人民法院关于人民法院办理执行异议和复议案件若干问题的规定》第二十九条规定，符合下列情形的，应当支持商品房消费者的诉讼请求：一是在人民法院查封之前已签订合法有效的书面买卖合同；二是所购商品房系用于居住且买受人名下无其他用于居住的房屋；三是已支付的价款超过合同约定总价款的50%。

第二十八条规定，金钱债权执行中，买受人对登记在被执行人名下的不动产提出异议，符合下列情形且其权利能够排除执行的，人民法院应予支持：

（一）在人民法院查封之前已签订合法有效的书面买卖合同；

（二）在人民法院查封之前已合法占有该不动产；

（三）已支付全部价款，或者已按照合同约定支付部分价款且将剩余价款按照人民法院的要求交付执行；

（四）非因买受人自身原因未办理过户登记。

对其中"所购商品房系用于居住且买受人名下无其他用于居住的房屋"如何理解，审判实践中掌握的标准不一。"买受人名下无其他用于居住的房屋"，可以理解为在案涉房屋同一设区的市或者县级市范围内商品房消费者名下没有用于居住的房屋。商品房消费者名下虽然已有 1 套房屋，但购买的房屋在面积上仍然属于满足基本居住需要的，可以理解为符合该规定的精神。

对其中"已支付的价款超过合同约定总价款的 50%"如何理解，审判实践中掌握的标准也不一致。许某已经支付的购房款虽然未达到总价款的 50%，但许某在诉讼中明确表示愿意将剩余价款按照人民法院的要求交付执行。在此情况下，一审法院认定许某对案涉房屋有足以排除执行的物权期待权、可以排除强制执行，并无不妥。

4. 住户骑共享单车，物业拦截是否构成侵权？

□ 袁方臣

【案情简介】

常某系某市 S 小区 A 幢 B 室房屋所有人。2022 年 4 月 4 日、11 日，常某骑共享单车欲进入 S 小区，在门口遭到物业工作人员的阻拦。

常某称：物业禁止常某骑共享单车进入小区，严重侵犯了常某的正当权益。请求法院依法判决物业停止侵权、排除妨碍、消除影响，允许常某骑共享单车进入 S 小区。

【判决结果】

驳回原告常某的诉讼请求。

第一部分　民事法篇

【律师解读】

本案争议点为：将共享单车骑入小区是否为小区住户的合法权益。

经查明，2021年10月10日，甲方某市S小区业主委员会与乙方物业签订《物业管理托管合同》约定：乙方有权根据甲方的授权和有关法律法规及本合同的约定，要求业主及物业使用人配合乙方合理、合法地管理服务行为；对业主和物业使用人违反《业主规约》和物业管理制度的行为，乙方有权根据情节轻重，采取劝阻、制止、向主管部门举报等措施。2021年11月16日，甲方成员、乙方代表等在S社区召开物业管理会议，作出《物业管理会议纪要》，要求物业：做好小区非机动车辆管理，不要让共享单车进入小区，有序摆放小区内乱停乱放的自行车。

首先，《中华人民共和国民法典》第二百七十四条规定，建筑区划内的道路，属于业主共有，但是属于城镇公共道路的除外。建筑区划内的绿地，属于业主共有，但是属于城镇公共绿地或者明示属于个人的除外。建筑区划内的其他公共场所、公用设施和物业服务用房，属于业主共有。某市S业主委员会写有《物业管理会议纪要》，通过书面形式明确"请物业公司不要让共享单车进入小区"，作出了自治决定。根据《中华人民共和国民法典》第二百八十条第一款，"业主大会或者业主委员会的决定，对业主具有约束力"，常某甲和其父常某有义务遵守该决定。

其次，某市交通运输局、某市公安局、某市城市管理局印发的《关于引导和规范互联网租赁自行车发展的意见（试行）》载明："用户使用互联网租赁自行车时，应当遵守道路交通安全、城市管理等法律法规规定及服务协议约定"。因此，常某应当将共享单车"停放在路边公共停车处"。常某在庭审中自述将共享单车骑进小区，"停在我楼栋门口一棵树下"，实际是一种不规范的使用、停放行为。

最后，虽然租赁、骑行共享单车是常某的合法权利，但将共享单车骑入S小区则违背了小区的管理规约，突破了共享单车有序运营的规范。违反了《中华人民共和国民法典》第一百三十一条规定，民事主体行使权利时，应当履行法律规定的和当事人约定的义务。第一百三十二条规定，民事主体不得滥用民事权利损害国家利益、社会公共利益或者他人合法权益。因此，常某将共享单车骑入 S 小区并非其合法权益，不应得到法律的支持和保护。

5. 与二手车公司销售员签订合同，能否退一赔三？

□ 张建武

【案情简介】

2020 年 9 月 23 日，王某在苏州 A 二手车销售公司（以下简称"A 公司"）处签订买卖合同一份，约定：A 公司以 62000 元的价格将沃尔沃 S80 出售给王某，A 公司保证车辆来源合法、手续真实、完备，协助王某正常过户，如不能过户，A 公司应退还车款及赔偿经济损失。王某已确认目前现实车况，付清全款后不得有任何争议或违约，否则按车款的 20% 违约金赔偿。该合同补充条款为：此车为全款购买，当天过户，客户已确认该车辆，此车没有经历泡水、重大事故、火烧。当日，王某付款 62000 元。

2020 年 9 月 30 日，王某在驾驶该车辆过程中发现该车辆有异常抖动的现象，对车辆进行维修时发现该车辆曾发生过严重碰撞，气囊弹出。王某与 A 公司协商，A 公司辩称该车辆为寄售车辆，自己只是帮原车主销售，不保证车辆的质量问题。

王某起诉至法院，请求撤销二手车买卖合同，被告 A 公司退还购车款并赔偿三倍购车款。

【判决结果】

一、原告王某与被告苏州 A 二手车销售服务有限公司于 2020 年 9 月 23 日签订的买卖合同撤销；

二、被告苏州 A 二手车销售服务有限公司于本判决生效之日起十日内退还原告王某 62000 元；

三、被告苏州 A 二手车销售服务有限公司于本判决生效之日起十日内赔偿原告王某 186000 元；

四、原告王某于本判决生效之日起十日内返还被告苏州 A 二手车销售服务有限公司沃尔沃 S80 小型轿车。

【律师解读】

一、本案合同签订的主体如何认定？

《民法典》第一百四十三条规定："当事人订立合同，应当具备相应的民事权利能力和民事行为能力。"王某系在 A 公司处购买涉案车辆，由 A 公司的销售李某作为经办人与王某签订了买卖合同，经办的销售人员李某确认王某在本案中提交的买卖合同、定金收据是其经办签署的，李某没有告知王某涉案车辆是寄售车辆，没有要求王某与涉案车辆的原车主签订合同，并且涉案车的车款也是 A 公司收取的。

因此，A 公司没有向王某披露涉案车辆系寄售车辆的信息，且买卖合同上的公章系其工作人员在工作场所加盖的，应认定涉案二手车的买卖合同关系成立于王某、A 公司之间。

二、涉案二手车买卖合同是否可以撤销？

《民法典》第一百四十八条规定："一方以欺诈手段，使对方在违背真实意思的情况下实施的民事法律行为，受欺诈方有权请求人民法院或者仲裁机构予以撤销。"涉案买卖合同载明，此车无重大事故，而根据王某提供的碰撞记录、鉴定意见书等，涉案车辆构成一级损伤，存在重大事故，与合同约定不符，A 公司系专业的二手车销售服务公司，其出售发生过重大事故的二手车给王某，而未告知。王某认为其受到欺诈，因此可以要求撤销合同。

三、A 公司是否可以被认定为经营者？A 公司是否需要退一赔三？

《中华人民共和国消费者权益保护法》第五十五条规定："经营者提供的商品或服务有欺诈行为的，应当按照消费者的要求增加赔偿其受到的损失，增加赔偿的金额为消费者购买商品的价款或接受服务的费用的三倍。"

A公司系提供二手车销售服务的公司，在买卖过程中，未向王某披露涉案车辆系寄售车辆，既未以中介身份与王某签订合同，王某与原车主在买卖过程中也未进行过协商，故A公司既系涉案车辆的出卖人，也系经营者，王某至A公司经营场所购买二手车，系消费者。王某以62000元价格购买涉案车辆，A公司作为经营者提供的车辆出现过重大事故，未告知王某，构成欺诈，王某有权要求A公司承担三倍赔偿责任。

6.《民法典》生效前所签合同，是否适用一年除斥期间？

□ 侯蒙莎

【案情简介】

2018年11月27日，A公司与陆某签订《影视投资合同书》。合同约定：A公司作为某电影联合投资方，拥有相应的收益权与署名权。陆某是自由投资人，对该电影有投资意向，拟投资20万元整，获得该电影投资总额0.0666%的收益权。电影应在取得广电总局电影公映许可证后发行，不晚于2019年12月上映。合同签订当天，陆某向A公司汇入20万元。

2018年12月9日，A公司与陆某再次签订《影视投资合同书》一份，约定陆某追加投资30万元整，获得该电影投资总额0.1%的收益权，其他合同条款与双方2018年11月27日签订的《影视投资合同书》内容一致。次日，陆某向A公司汇入30万元。

2019年11月18日，国家电影局作出《电影公映许可证》，影片获得电影公映许可，获准在国内外发行，但该电影至今未在院线公映。

2023年1月，陆某向法院提出诉讼请求：解除陆某与A公司于2018年11月27日与2018年12月9日签订的《影视投资合同书》；A公司向陆某返还投资款50万元。

【判决结果】

一、解除原告陆某与被告A公司于2018年11月27日及2018年12月9日签订的《影视投资合同书》；

二、被告A公司返还原告陆某投资款50万元。

【律师解读】

除斥期间，是指撤销权、解除权等权利的存续期间，不适用有关诉讼时效中止、中断和延长的规定。存续期间届满，撤销权、解除权等权利消灭。关于合同解除权的除斥期间，《合同法》与《民法典》规定有所不同。

《合同法》第九十五条规定，法律规定或者当事人约定解除权行使期限，期限届满当事人不行使的，该权利消灭。法律没有规定或者当事人没有约定解除权行使期限，经对方催告后在合理期限内不行使的，该权利消灭。

《民法典》第五百六十四条则规定，法律规定或者当事人约定解除权行使期限，期限届满当事人不行使的，该权利消灭。法律没有规定或者当事人没有约定解除权行使期限，自解除权人知道或者应当知道解除事由之日起一年内不行使，或者经对方催告后在合理期限内不行使的，该权利消灭。

《民法典》增加了"自解除权人知道或者应当知道解除事由之日起一年内不行使的，解除权消灭"的规定。案涉两合同均签订于《民法典》生效（2021年1月1日）之前，且没有法定或约定解除权行使期限，一方当事人在《民法典》生效之后主张解除合同的，是否适用一年除斥期间的有关规定呢？

《最高人民法院关于适用〈中华人民共和国民法典〉时间效力的若干规定》第一条第二款规定，民法典施行前的法律事实引起的民事纠纷案件，适用当时的法律、司法解释的规定，但是法律、司法解释另有规定的除外。两份《影视投资合同书》均签订于2018年，且《影视投资合同书》约定，陆某所投资的电影应当在取得广电总局电影公映许可证后发行，上映日期不晚于 2019 年 12 月；虽然该电影在 2019 年 11 月 18 日取得了《电影公映许可证》，但是却未能于 2019 年 12 月前如期上映。

综上，本案法律事实发生于《民法典》施行前，应当适用当时施行的法律、司法解释的规定，不适用《民法典》关于合同解除权的一年除斥期间的有关规定。A 公司未能在约定期限内履行主要合同义务，且至今影片仍然未能上映，陆某的合同目的已然不能实现，故陆某要求解除合同并退还 50 万元投资款的诉讼请求，法院依法予以支持。

7. 分家析产协议约定免除养老义务，法院如何判决？

□ 李炎朋

【案情简介】

王某与钱某系夫妻关系，婚后育有三子，即王甲、王乙、王丙。2017 年 5 月，王某与钱某将自己位于 A 市 C 区的拆迁房和存款进行了析产，同时在分家析产协议中约定：自本协议生效后，双方各自独立生活、相互无经济瓜葛。王某、钱某年老丧失劳动能力后，生活费自理，放弃向王甲、王乙、王丙索取赡养生活费的权利。

2022 年 7 月，王某与钱某均已超过八十，仅凭目前收入无法维持生活。王某与钱某因此将三子诉至法院，要求王甲、王乙、王丙支付赡养费。

【判决结果】

一审判决：

一、被告王甲、王乙、王丙自 2022 年 9 月起每月各负担王某、钱某生活费 1000 元；

二、原告王某、钱某自 2022 年 9 月起产生的医疗费由被告王甲、王乙、王丙各负担三分之一。

被告王乙不服一审判决，提起上诉。

二审判决：

A市中级人民法院驳回上诉人王乙上诉，维持原判。

【律师解读】

乌鸦有反哺之义，羔羊有跪乳之恩，做人更应饮水思源，"百善孝为先"。赡养父母不仅是中华民族的传统美德，更是强制性的法定义务，该义务的履行不应附加任何条件，亦不因任何原因而免除。

《中华人民共和国民法典》第二十六条第二款规定，成年子女对父母负有赡养、扶助和保护的义务。第一千零六十七条第二款规定，成年子女不履行赡养义务的，缺乏劳动能力或者生活困难的父母，有要求成年子女给付赡养费的权利。《老年人权益保障法》第十九条第一款规定，赡养人不得以放弃继承权或者其他理由，拒绝履行赡养义务。第二十条第一款规定，经老年人同意，赡养人之间可以就履行赡养义务签订协议。赡养协议的内容不得违反法律的规定和老年人的意愿。

经老人同意，符合法律规定的分工赡养是法律所允许的，但子女不能以放弃继承权、父母未尽到抚养义务或是在分家协议、赡养协议中曾约定免除赡养义务等为由拒绝履行应尽的赡养责任。尊老、敬老、爱老、助老是中华文化的传统美德，使老年人老有所养、老有所依。

8. 妻子与他人通奸，丈夫能否得到赔偿？

□ 高　庆

【案情简介】

2019年，王某与刘某经人介绍结婚，2020年春节后王某外出经商。2020年10月，刘某在一次聚餐后，与朋友发生不正当两性关系。2021年春节王某回家，发现妻子刘某已怀孕。王某认为妻子对自己不忠实，趁自

"律师说法" 案例集（8）

己外出经商之际，与他人同居且导致怀孕。

经调解无效，王某向人民法院提起离婚诉讼，并要求刘某支付婚姻损害赔偿费八万元。

【判决结果】

一、准予原告王某的离婚请求；
二、对原告王某要求婚姻损害赔偿八万元的请求不予支持。

【律师解读】

一、为何准许离婚？

《中华人民共和国民法典》第一千零七十九条规定，夫妻一方要求离婚的，可以由有关组织进行调解或者直接向人民法院提起离婚诉讼。人民法院审理离婚案件，应当进行调解；如果感情确已破裂，调解无效的，应当准予离婚。有下列情形之一，调解无效的，应当准予离婚：（一）重婚或者与他人同居；（二）实施家庭暴力或者虐待、遗弃家庭成员；（三）有赌博、吸毒等恶习屡教不改；（四）因感情不和分居满二年；（五）其他导致夫妻感情破裂的情形。一方被宣告失踪，另一方提起离婚诉讼的，应当准予离婚。经人民法院判决不准离婚后，双方又分居满一年，一方再次提起离婚诉讼的，应当准予离婚。

法院查明，刘某的怀孕确实是2020年10月的一次聚餐后，与朋友发生不正当两性关系所致。故调解无效后法院准许离婚。

二、为什么妻子与人"通奸"，丈夫却无法得到赔偿？

《中华人民共和国民法典》第一千零九十一条，有下列情形之一，导致离婚的，无过错方有权请求损害赔偿：（一）重婚；（二）与他人同居；（三）实施家庭暴力；（四）虐待、遗弃家庭成员；（五）有其他重大过错。

刘某与他人在婚内发生的一次性行为虽应受道德层面的谴责，但在法律意义上并不构成"有配偶与他人同居"。依最高人民法院的解释，构成同居行为除对象是婚外异性外，还要求双方对外以夫妻名义，最重要的是要满足持续、稳定的共同生活的条件。王某没有证据能够证明刘某与他人已经形成持续、稳定的同居生活，故法院不能支持王某要求刘某支付损害赔偿费八万元的诉讼请求。

9. 同一被保险人的两车相撞，保险公司如何赔付？

□ 鲁 蕊

【案情简介】

2019年1月24日，袁某驾驶豫P××小型客车在倒车时，与停在路边的朱某所有的豫Y××车辆发生碰撞，造成两车损坏的交通事故，经交警部门认定袁某负事故全部责任。

豫P××小型客车登记所有人为朱某，朱某作为被保险人为该车辆在B保险公司投保有交强险，并投保第三者责任保险100万元且购买有不计免赔等。朱某作为被保险人为豫Y××号车辆在A保险公司投保车辆损失险等，事故均发生在保险期间内。朱某和袁某系同事关系，不属于袁某的家庭成员和其他组成人员。

豫Y××号车辆修车花费94260元。2019年7月8日，A保险公司在车辆损失险责任限额内将94260元赔付给朱某，并依法取得代位求偿权，遂以驾驶人袁某和B保险公司为被告诉至人民法院。

【判决结果】

一审判决：

被告B保险公司于判决生效之日起十日内支付原告A保险公司赔偿款94260元。

被告B保险公司不服一审判决，提起上诉。

二审判决：

驳回上诉人 B 保险公司的上诉请求，维持原判。

⚖️ 【律师解读】

一、本案焦点在于当同一被保险人的不同车辆相撞发生事故时，B 保险公司是否应当承担赔偿责任？笔者赞成法院的观点，"B 保险公司应当承担赔偿责任"。

（一）基于合同相对性。我国机动车第三者责任保险合同有其特殊性，即"一车一保"，一辆机动车对应一份保险合同。同一被保险人的车辆之间发生事故，虽然被保险人属于同一人，但朱某是作为两家不同保险公司的被保险人的身份签订的不同财产标的物的保险合同，此时存在两个或两个以上相独立的保险合同关系，构成了相对独立的全责方和无责方。本案中，朱某既是全责车辆豫P××的被保险人，又是遭受财产损失的豫Y××的被保险人，与造成其他第三者损失并无不同，不影响朱某以商业三责险的第三者身份向 B 保险公司主张权利。故朱某驾驶的豫Y××车辆可作为受损方第三者，应由 B 保险公司参照交强险和商业第三者责任险赔偿朱某的损失。

（二）基于第三者责任险的设立宗旨。第三者责任险设立的宗旨在于分散被保险人的风险，保障受损害第三者的损失能够得到及时救济。在 B 保险公司未举证证明朱某、袁某存在故意制造交通事故的情况下，如果仅因两车被保险人相同即免除保险人 B 保险公司的保险责任，属于人为缩小了受损害第三者的范围，有悖于第三者责任险的设立宗旨且损害了被保险人的利益。

二、不同的观点

在实践判例中，也有部分法院认为 B 保险公司不应当承担赔偿责任。例如，河北省保定市（地区）中级人民法院审理的（2020）冀06民终733号案件、北京市第三中级人民法院审理的（2020）京03民终1499号案件等。理由基于：在交强险和商业第三者责任险中，被保险人允许的驾驶人，其法律地位相当于被保险人，原则上不能纳入第三者的范围。侵权法调整的是侵权人与受害人之间的法律关系。一般情况下，如果侵权人与受害人同属一人，即"自己对自己侵权"，根据侵权法基本原理，不论行为人对自身之损害是故意为之还是放任发生，其损害结果均应由行为人自负。被保险人不能成为自己的侵权人，也就是构成责任事故基础的侵权法律关系不存在，即在此种情形下不存在第三者，即B保险公司不需要承担赔偿责任。

在笔者的判例检索中，B保险公司应当承担责任的判例占大多数，其以合同关系为出发点，属于判例中的主流观点。对B保险公司不应当承担责任的观点是基于侵权关系为出发点，也有其可取之处。两种观点是法律人头脑风暴后产出的智慧结晶，但同案不同判势必会影响司法权威，两种观点背后的逻辑仍然值得我们再深入探究。

10. 患者胆囊术后死亡，为何获赔一百多万元？

□ 陈世豪

【案情简介】

2020年8月26日，杨某某主因"右上腹疼痛13小时"就诊于北京某医院，专科检查：剑突下及右上腹有压痛、反跳痛，墨菲氏征（+）。初步诊断：胆囊结石并胆囊炎。住院期间，医务人员为杨某某实施了胆囊穿刺引流术。经治疗，杨某某于9月1日出院。

2020年11月16日，杨某某因发现胆囊结石后二次就诊于北京某医院。11月17日，医务人员在全麻下为其进行腹腔镜下胆囊切除术，术后病理显示慢性胆囊炎。11月19日，杨某某出院。

2020年11月24日，杨某某因"胆囊术后6天，皮肤巩膜黄染3天"再次就诊于北京某医院，专科检查：全身皮肤、巩膜轻度黄染，腹部膨隆，腹软，压痛、反跳痛情况不明确，墨菲氏征（-）。经相关检查检验，初步诊断：梗阻性黄疸、急性肝损伤、肝内外胆管扩张。医务人员为其行ERCP治疗，术中发现胆道狭窄，予以放置胆道临时支架引流。11月26日，杨某某出现心率加快、体温升高等临床表现，后感染症状持续加重，

"律师说法" 案例集（8）

出现休克表现，最终经抢救无效死亡。杨某某死亡诊断：急性梗阻性化脓性胆管炎、肝脓肿、脓毒性休克、梗阻性黄疸等。

杨某某家属认为北京某医院的诊疗行为存在过错，与该院协商赔偿事宜，但该院认为诊疗行为不存在过错，拒绝任何赔偿。为了维护自身合法权益，杨某某家属委托本团队代理，经讨论研究后，直接诉至法院。

【判决结果】

一审判决：

被告北京某医院赔偿原告医疗费、住院伙食补助费、护理费、营养费、交通费、死亡赔偿金、精神损害抚慰金（75000元）等共计1630129.57元。

被告北京某医院不服一审判决，提起上诉。

二审判决：

驳回上诉人北京某医院的上诉，维持原判。

【律师解读】

根据《民法典》第一千二百二十一条之规定，医务人员在诊疗活动中未尽到与当时的医疗水平相应的诊疗义务，造成损害的，医疗机构应当承担赔偿责任。经阅读涉案全部病历材料、查阅相关诊疗规范及指南，结合实务经验，本团队律师明确指出北京某医院存在以下过错：

其一，胆囊切除术中应特别注意是否存在胆管和肝动脉的解剖学变异，确定胆总管走行，避免误伤，尤其是胆囊三角存在粘连时，更应谨慎。本案医务人员术中见胆囊三角区组织水肿与周围粘连，未进一步观察是否存在胆管和肝动脉的解剖学变异、胆总管走行异常等情况，更未采取相应措施降低手术风险。

其二，杨某某因胆囊术后6天、皮肤巩膜黄染3天就诊，实验室检查白细胞、中性粒细胞、C反应蛋白明显增高，腹部CT显示肝内外胆管扩张，提示胆道梗阻，需尽快解除胆道梗阻，缓解病情，但医务人员行ERCP胆管引流欠及时、术前准备不充分。此外，根据《中国ERCP指南

(2018版)》之治疗原则，ERCP术前应进行术前讨论、肝门部胆管狭窄时应预防性使用抗菌药物等，但医务人员既未进行术前讨论，也未预防性使用抗菌药。

其三，杨某某ERCP术后出现高热、休克等临床表现，同时腹部CT显示肝内胆管扩张，实验室检验示感染指标明显升高；以上表现明显提示ERCP内支架引流效果欠佳，但医务人员未积极采取补救措施改善胆道梗阻，未及时抗感染治疗。

根据杨某某病史、临床表现及辅助检查，其符合急性梗阻性化脓性胆管炎、感染性休克致多器官功能衰竭死亡。本案，医务人员在对杨某某诊疗过程中存在抗感染治疗不及时、ERCP引流效果不佳的情况下未积极采取补救措施，导致病情逐步恶化，最终死亡。综合考虑以上因素，律师认为北京某医院医疗过错行为与杨某某死亡损害后果形成之间存在直接因果关系，原因力大小应为主要至全部作用。

诉讼过程中人民法院依法委托第三方司法鉴定机构对北京某医院诊疗行为进行评价。鉴定过程中，律师充分陈述了北京某医院的医疗过错行为、因果关系、过错责任程度，陈述意见几乎全部被鉴定专家采纳。鉴定专家认定北京某医院在杨某某诊疗过程中存在医疗过错行为，医疗过错行为与死亡之间存在因果关系。考虑到杨某某就诊欠及时，建议医疗过错的原因力大小为同等至主要作用。最终，法院酌定北京某医院的医疗过错责任程度为75%。

本案不仅起到警示医疗机构在诊疗活动中要珍爱生命、尊重人权、敬畏法律的作用，同时也提醒广大民众在自身合法权益受到侵害时要勇于拿起法律武器保护自己。

11. 遗赠协议超过六十日，是否无效？

□ 祝辉良

【案情简介】

石某7与池某系夫妻关系，婚后共育有子女四人：石某2、石某3、石某4、石某5。石某1系石某7与前妻所生之女，与池某形成了抚养关系。

2013年11月9日，池某去世。2015年11月19日，石某7去世。二人之父母均先于其去世。石某7名下位于北京市东城区的房屋，系石某7与池某夫妻的共同财产。期间石某4一直在照顾父母。

2011年9月5日，石某7、池某留有遗嘱将涉案房屋给石某5继承。2012年2月22日，石某7、池某给石某4留有遗嘱，将涉案房屋留给石某4一人继承。2014年12月18日，石某7留有"遗赠"协议一份，将涉案房屋遗赠给其孙石某6所有。其中2011年9月5日的遗嘱、2012年2月22日的遗嘱中均无池某签字。

本案中具有多份遗嘱及遗赠协议，石某1、石某2、石某3、石某4、石某5、石某6均具有继承权，并因此产生争议，石某1、石某2、石某3针对石某4、石某5提起诉讼，发回重审后又增加石某6为被告。

【判决结果】

原一审判决：
房屋归被告石某4所有。
二审裁决：
一、撤销原判决；
二、发回原审法院重审。
发回重审后一审判决：
一、该房屋由石某6继承所有；
二、石某6于本判决书生效之日起十五日内，分别给付石某1、石某

2、石某3、石某4、石某5房屋折价款各三十万元；

三、驳回石某1、石某2、石某3、石某4、石某5的其他诉讼请求。

四、鉴定费一万四千七百元，由石某1、石某2、石某3负担。

【律师解读】

本案二审发回重审之所以能改判，争议的焦点是遗赠如何认定。本案遗赠行为虽然发生在2014年，诉讼在2019年，但遗赠文件并没有在受遗赠人处持有，没有证据证明受遗赠人在2014年时即知晓受遗赠事实。法律规定遗赠是从受遗赠人应当知道受遗赠后开始计算两个月的时效，不是从遗赠行为开始计算，所以受遗赠人诉讼期间主张加入诉讼并接受遗赠，其权利应当得到支持。

《中华人民共和国继承法》第五条规定，继承开始后，按照法定继承办理；有遗嘱的，按照遗嘱继承或者遗赠办理；有遗赠扶养协议的，按照协议办理。第二十五条规定，继承开始后，继承人放弃继承的，应当在遗产处理前，作出放弃继承的表示。没有表示的，视为接受继承。受遗赠人应当在知道受遗赠后两个月内，作出接受或者放弃受遗赠的表示。到期没有表示的，视为放弃受遗赠。

2014年12月18日，石某7留有"遗赠"协议一份，该"遗赠"系石某7真实意思表示，且未违反法律、行政法规的强制性规定，应属有效。石某1、石某2、石某3、石某4均无证据证明石某6知晓"遗赠"协议的具体时间，故石某6在原一审判决后向二审法院提交材料及后续持有遗赠协议的行为，应视为石某6接受了遗赠内容。

2014年12月18日石某7留有的"遗赠"协议内容与2011年9月5日的遗嘱、2012年2月22日的遗嘱内容明显相抵触，应以2014年12月18日的"遗赠"协议为准。

综上，诉争房产中石某7的遗产份额应由石某6继承所有。

12. 商标构成"以其他不正当手段取得注册",为何无效？

□ 汤学丽

【案情简介】

2019年7月16日,陈某申请注册第39678780号"陈伟光头鸡窝"商标。2021年7月27日,核准注册,核定使用在第43类餐馆、快餐馆、餐厅、饭店、备办宴席、茶馆、提供野营场地设施、旅游房屋出租、养老院、日间托儿所（看孩子）服务上。

陈某除申请与A餐饮有限公司（以下简称A公司）相近似的第39678780号"陈伟光头鸡窝"商标外,陈某还在第35类、第43类服务类别上申请注册了11件商标,均为"光仔鸡锅""光仔鸡窝"等多件与A公司引证商标相近的系列商标,具有较为明显的恶意,扰乱了市场秩序,违反了《商标法》第四十四条第一款的规定。

A公司请求国家知识产权局对争议商标予以无效宣告。

【处理结果】

对第39678780号"陈伟光头鸡窝"商标予以无效宣告。

【律师解读】

陈某在第35类、第43类服务类别上围绕A公司"光仔鸡锅"系列商标共申请注册了12件商标,包括"光仔鸡锅""光仔鸡窝"系列商标等,具有复制、摹仿他人商标、囤积商标进行不正当竞争或牟取非法利益的意图,违反诚实信用原则,扰乱了正常的商标注册秩序,并有违市场的公平竞争原则,构成《商标法》第四十四条第一款规定所禁止的"以其他不正当手段取得注册"的情形。

《商标法》第四十四条第一款中实体性规定的立法精神在于贯彻公序良俗原则，维护良好的商标注册、管理秩序，营造良好的商标市场环境。商标注册申请人在申请注册商标时应遵循诚实信用原则和公共的商业道德，不得以扰乱商标注册秩序、损害社会公共利益等方式谋取不正当利益。陈某申请注册商标的行为是针对同一权利人具有一定显著性的特定商标反复申请注册，具有复制、摹仿他人商标、囤积商标进行不正当竞争或牟取非法利益的意图，违反诚实信用原则，扰乱了正常的商标注册秩序，并有违市场的公平竞争原则，已构成《商标法》第四十四条第一款规定所禁止的"以其他不正当手段取得注册"的情形，依法应对其予以无效宣告。

13. 购买宅基地，拆迁后是否给卖方补偿？

□ 王 瑞

【案情简介】

2005年，城镇居民王某与城中村村民刘某、冯某夫妇签订《宅基地出售合同》，约定：王某出资购买刘某的宅基地，如遇拆迁，拆迁利益归王某所有。双方按约定履行了合同，当年王某在该宅基地上自建两层楼房居住。

2015年，该宅基地拆迁，政府与王某签订房屋征收安置补偿协议，补偿王某两套安置房。

2019年，刘某、冯某以合同纠纷起诉，要求确认合同无效。法院认定合同无效，双方互不返还。

2021年，刘某、冯某以宅基地使用权纠纷起诉，要求王某返还拆迁利益46.8万元。

王瑞律师代理王某应诉。

"律师说法" 案例集（8）

【判决结果】

一审判决：

被告王某补偿原告刘某、冯某拆迁利益25.6万元。

被告王某不服一审判决，提起上诉。

二审判决：

发回重审。

重审一审判决：

驳回原告刘某、冯某的诉讼请求。

【律师解读】

如何打破法官认定城镇居民购买宅基地，拆迁后应适当补偿对方的思维定势？

本案历经两次诉讼，第一次刘某、冯某仅要求确认合同无效，并未主张合同无效的法律后果，但王瑞律师明白，刘某、冯某的最终目的是想要补偿，绝不仅仅是认定合同效力，故在第一次诉讼中主动与法官沟通，明确我方主张。买卖宅基地合同虽因违反《土地管理法》第六十三条"农民集体所有的土地的使用权不得出让、转让或者出租用于非农业建设"的强制性规定而无效，但合同约定拆迁利益归王某所有，是刘某、冯某对其预期财产利益的有权处分，未违反法律法规强制性规定，应受法律保护。法官采纳了王瑞律师观点，判决合同无效，双方互不返还。

第二次诉讼，原告要求王某返还拆迁利益46.8万元，庭审中，一审法官带有倾向性观点，认为城镇居民购买宅基地，拆迁后，应给对方适当补偿。

王瑞律师从以下四点论理：一、合同效力。一、二审法院已明确合同无效后，双方互不返还，具有既判力，未经再审，该结论不能被推翻。二、2010年案涉宅基地已经由省政府批准变更为城市用地，宅基地使用权已不存在，刘某、冯某无权主张宅基地使用权，王瑞律师向法官提交了四份最高法类案支持自己观点。三、王某得到的是房屋的征收补偿，房屋是王某自盖房，是王某的个人财产，该补偿不包括宅基地的补偿，刘某、冯某无权要求房屋拆迁利益；王瑞律师提交了该市政府官网发布的该块宅基地补偿费直接划拨给村集体组织的文件，佐证自己观点。四、双方合同约定拆迁利益归王某所有，是原告对自己预期财产利益的有权处分，是其真实意思表示，不违反法律法规的规定，应受法律保护。上述观点未得到一审法官支持，上诉后得到二审法官的支持，案件发回重审。

重审一审中，王瑞律师再次向主审法官论述上述观点，得到支持，判决驳回刘某、冯某诉讼请求。双方未上诉，一审判决已生效。

14. 未办理抵押登记，可否实现担保功能？

□ 庞立旺

【案情简介】

2019年12月，A银行与B公司签订《综合授信合同》，约定A银行为B公司提供4亿元的综合授信额度。为对该合同提供担保，A银行与陈某（甲方）签订《最高额抵押合同》，陈某同意为A银行对B公司的债权提供最高额抵押，担保主债权限额为4亿元，担保范围包括贷款本息及相关费用，抵押物为陈某自有的位于D市的一栋综合楼。同时，约定陈某应确保抵押物能够依法办理抵押登记，否则应承担相应的违约责任，但因房地权属不一致，未能对抵押的综合楼办理抵押登记。

2020年，A银行又与B公司签订《流动资金贷款合同》，约定：A银行为B公司提供7000万元流动资金贷款。

合同生效后，A银行依约向B公司发放7000万元贷款。2021年8月起，B公司未能按期付息。A银行向法院提起诉讼，请求：B公司归还全部贷款本金7000万元并支付贷款利息等；陈某在抵押物价值范围内承担连带赔偿责任。

"律师说法" 案例集（8）

⚖ 【判决结果】

一审判决：

一、被告B公司向原告A银行偿还借款本金7000万元、利息及复利并支付罚息；

二、被告B公司赔偿原告A银行支出的律师费13万元；

三、被告陈某在提供抵押担保的房屋价值范围内，就第一、二判项确定的被告B公司所负债务未清偿部分的二分之一范围内向原告A银行承担连带赔偿责任；

四、驳回原告A银行的其他诉讼请求。

⚖ 【律师解读】

一、关于抵押合同的效力

本案中，A银行与陈某签订的《最高额抵押合同》，约定陈某以其不动产为案涉债务提供担保。上述合同内容系双方当事人的真实意思表示，内容不违反法律、行政法规的强制性规定，应为合法有效。虽然前述抵押物未办理抵押登记，但根据《民法典》第二百一十五条的规定："当事人之间订立有关设立、变更、转让和消灭不动产物权的合同，除法律另有规定或者合同另有约定外，自合同成立时生效；未办理物权登记的，不影响合同效力"，不影响抵押合同的效力。

二、关于双方的责任划分

首先，依法成立的合同，对当事人具有法律约束力，当事人应当按照合同约定履行各自义务，不履行合同义务或履行合同义务不符合约定的，应依据合同约定或法律规定承担相应责任。案涉房屋未能办理抵押登记，抵押权未依法设立，陈某构成违约，应依据前述约定赔偿由此给A银行造成的损失。

其次，《民法典》第五百八十四条规定："当事人一方不履行合同义务或者履行合同义务不符合约定，造成对方损失的，损失赔偿额应当相当于因违约所造成的损失，包括合同履行后可以获得的利益；但是，不得超过违约一方订立合同时预见到或者应当预见到的因违约可能造成的损失。"在《最高额抵押合同》正常履行的情况下，主债务人不履行到期债务时，A银行可直接请求就抵押物优先受偿。抵押权因未办理登记而未设立，A银行无法实现抵押权，损失客观存在，其损失范围相当于在抵押财产价值范围内B公司未清偿债务数额部分。因此，A公司可依约直接请求陈某进行赔偿。

根据本案查明的事实，A银行对《最高额抵押合同》无法履行亦存在过错。D市房管局已于2018年明确函告辖区各金融机构，房地权属不一致的房屋不能再办理抵押登记。A银行在2019年签订《最高额抵押合同》时，对案涉房屋无法办理抵押登记的情况应当知情或者应当能够预见。A银行作为以信贷业务为主营业务的专业金融机构，应比一般债权人具备更高的审核能力。相对此前曾就案涉抵押物办理过抵押登记的陈某来说，A银行具有更高的判断能力，负有更高的审查义务。A银行未尽到合理的审查和注意义务，对抵押权不能设立亦存在过错。根据《民法典》第五百九十一条"当事人一方违约后，对方应当采取适当措施防止损失的扩大；没有采取适当措施致使损失扩大的，不得就扩大的损失请求赔偿"的规定，A银行在知晓案涉房屋无法办理抵押登记后，没有采取降低授信额度、要求陈某提供补充担保等措施防止损失扩大，可以适当减轻陈某的责任。

15. 骑手配送时致路人受伤，谁来负担赔偿责任？

□ 林　玲

【案情简介】

2020年12月9日，陈某驾驶电动自行车与崔某发生碰撞，致崔某倒地受伤。同日，上海嘉定某交警支队出具道路交通事故认定书：陈某承担事故全部责任，崔某不承担责任。崔某于2020年12月18日治愈出院，医疗费共计38674.51元。崔某申请伤残及"三期"评定：①崔某构成十级

"律师说法"案例集（8）

残疾。②崔某伤后可予以休息期180日、营养期90日、护理期90日。

常熟E有限公司（甲方，以下简称"常熟E公司"）与浙江自贸区A公司（乙方，以下简称"浙江A公司"）签订一份《仓储物流配送服务合同》，协议约定：乙方承包甲方前置仓/大仓项目，项目内容包括前置仓/大仓仓储管理、商品接收、入库、理货、盘点、订单接收、订单产品分拣打包、物流配送。

浙江A公司（甲方）与陈某（乙方）在2020年2月6日签订一份《业务承揽协议》，约定：乙方根据甲方项目需要提供服务，乙方应按时尽责完成甲方要求的工作内容，并达到规定的质量标准。合同第六条乙方的权利和义务的第六项约定，在提供承揽服务过程中，如因乙方原因导致甲方或甲方合作伙伴员工、任何第三方人身财产损害的，乙方应承担全部责任。

陈某平日在上海嘉定区某城路站工作，工资由某城站支付。浙江A公司向保险公司投保了雇主责任险，被保险人浙江A公司，保险方案骑手第三者赔偿限额人民币20万元。

崔某向上海市嘉定区人民法院提起诉讼，请求：第一，判令被告保险公司在保险责任范围内赔付原告212390.31元，不足部分由其余三被告陈某、常熟E公司、浙江A公司共同赔偿。第二，本案诉讼费由被告承担。

⚖【判决结果】

一、被告保险公司应于本判决生效之日起七日内赔付原告崔某184785.31元；

二、被告浙江A公司应于本判决生效之日起七日内赔付原告崔某精神抚慰金5000元、律师费3000元，合计8000元；

三、驳回原告崔某其余诉讼请求。

⚖【律师解读】

最高人民法院关于适用《中华人民共和国民法典》时间效力的若干规定：民法典施行前的法律事实引起的民事纠纷案件，适用当时的法律、司法解释的规定,但是法律、司法解释另有规定的除外。因此,本案适用2020年时的法律及司法解释相关规定。

《中华人民共和国保险法》第六十五条规定,保险人对责任保险的被保险人给第三者造成的损害,可以依照法律的规定或者合同的约定,直接向该第三者赔偿保险金。责任保险的被保险人给第三者造成损害,被保险人对第三者应负的赔偿责任确定的,根据被保险人的请求,保险人应当直接向该第三者赔偿保险金。被保险人怠于请求的,第三者有权就其应获赔偿部分直接向保险人请求赔偿保险金。责任保险的被保险人给第三者造成损害,被保险人未向该第三者赔偿的,保险人不得向被保险人赔偿保险金。责任保险是指以被保险人对第三者依法应负的赔偿责任为保险标的的保险。

本案林律师作为常熟E公司的代理人,在了解案情后,及时与委托人合作方浙江A公司联络并建议追加保险公司作为本案共同被告。经浙江A公司向法院申请,法院又征得崔某意见后,追加保险公司作为共同被告。

一、陈某与浙江A公司签署有《业务承揽协议》,双方是属于风险自负的承揽关系还是实质的劳务关系?

双方虽然签订有业务承揽协议,但按协议要求陈某需到指定的嘉定区某城站接单,持续从事浙江A公司指示范围内的配送劳务活动,并且投保雇主责任险,基于事实关系可以认为双方之间实质为雇佣劳务关系而非承揽关系。

二、陈某在配送时导致路人崔某受伤是否由陈某承担事故全部责任?

事故发生时陈某系浙江A公司雇员,且事故发生时在为公司配送属于执行职务行为,浙江A公司作为雇主应为陈某事故承担替代性赔偿责任。

三、平台方常熟E公司是否存在责任?

常熟E公司与浙江A公司签订外包服务合同,常熟E公司对事故发生没有过错,不承担责任。崔某主张常熟E公司承担责任,没有提交相应证据,故常熟E公司不承担责任。

四、应承担赔偿责任的主体在投保雇主责任险的情况下,被侵权人可否主张由保险公司直接理赔?

浙江A公司追加保险公司作为共同被告的目的便是希望保险公司向第

三者直接赔付，因此被侵权人要求保险公司在保险理赔范围内优先支付赔偿款符合法定条件。

16. 举办婚礼未登记，彩礼如何判决？

□ 李炎朋

【案情简介】

张某与吴某经媒人介绍认识。2020年1月17日，张某给付吴某1万元见面礼。2020年1月25日，张某给付吴某8.8万元彩礼。

2020年3月1日，两人在家举办酒席，后由于在共同生活的过程中因琐事经常吵架未能建立良好的夫妻关系。2020年6月，吴某拒绝了张某结婚登记的请求并回到了娘家，张某多次要求吴某回到家中一块办理结婚登记，但吴某予以拒绝。

张某无奈向法院提起诉讼，要求吴某退还见面礼和彩礼共计9.8万元。

【判决结果】

被告吴某于判决生效后10日内向原告张某退还彩礼50000元。

【律师解读】

维系婚姻的纽带是夫妻之间的感情，两个人在一起应该基于感情，这也是婚姻关系能够长远存续必然的要求。恋爱时男女双方看似情投意合，但婚后由性格造成的矛盾逐渐发酵，又因习惯了以自我为中心，过于注重婚姻中的个人感受，不愿换位思考、互相体谅，缺少家庭责任感，碰到家庭琐事易冲动、不让步，最终极易成为离婚的"导火索"。

根据《最高人民法院关于适用〈中华人民共和国婚姻法〉若干问题的解释（二）》第十条："当事人请求返还按照习俗给付的彩礼的，如果查明属于以下情形，人民法院应当予以支持：（一）双方未办理结婚登记手续的；（二）双方办理结婚登记手续但确未共同生活的；（三）婚前给付并导致给付人生活困难的。适用前款第（二）（三）项的规定，应当以双方离婚为条件。"《全国民事审判工作会议纪要（2011）》第七章第 50 条："婚约财产纠纷案件中，当事人请求返还以结婚为条件而给付的彩礼，如果未婚男女双方确已共同生活但最终未登记结婚，人民法院可以根据双方共同生活的时间、彩礼数额并结合当地农村的风俗习惯等因素，确定是否返还及返还数额。"

张某、吴某除未进行形式上登记结婚外，与其他夫妻无异。二人不仅按照风俗习惯举行了婚礼，吴某还用张某支付的彩礼购置了洗衣机、空调等电器放置在张某家中，二人共同生活了三个月。基于公平、公正原则，吴某酌情退还 50000 元彩礼符合相关规定。

一段长久的婚姻，需要两个人共同用心去经营，相互磨合，任何一方掉链子、懈怠，都会使这样一段婚姻平淡无味、如同鸡肋。两个原本互不认识的人，走到一起，擦出火花，因为爱情而组成一个家，努力生活在一起，共同缔造一段婚姻，这本就是一件很奇妙的事情，只有夫妻双方共同努力相互包容，才能一起走向更美好的明天！

17. 未签订书面合同，请求支付合同款能否得到支持？

□ 白雪娇

【案情简介】

2013 年起，A 公司与 B 公司开始进行项目合作。A 公司向 B 公司提供项目材料，B 公司向 A 公司支付合同款，但双方未签订任何书面的买卖合同或采购合同。B 公司每次所需项目材料均通过各项目分点负责人手机微信向 A 公司采购。

2018 年，因 B 公司欠付 A 公司材料款起诉至法院，调解时 B 公司同意支付款项，A 公司遂向法院申请撤诉。撤诉后，B 公司仅支付了部分材

"律师说法"案例集(8)

料款。鉴于双方合作多年，A 公司又继续为 B 公司提供材料。

截至 2021 年 8 月时，B 公司尚欠 A 公司材料款 250 余万元以及车费 6 万余元。经 A 公司多次索要，B 公司不同意支付。

故 A 公司诉至法院，要求 B 公司支付材料款及利息。

【判决结果】

一、被告 B 公司于判决生效之日起七日内支付原告 A 公司合同款 256 万元；

二、被告 B 公司于判决生效之日起七日内向原告 A 公司支付利息，以 256 万元为基数，支付自 2021 年 1 月 1 日起至实际支付之日止的利息，按照同期银行间同业拆借中心公布的贷款市场报价利率计算。

【律师解读】

《最高人民法院关于审理买卖合同纠纷案件适用法律问题的解释》(2020 修正)第一条规定："当事人之间没有书面合同，一方以送货单、收货单、结算单、发票等主张存在买卖合同关系的，人民法院应当结合当事人之间的交易方式、交易习惯以及其他相关证据，对买卖合同是否成立作出认定。对账确认函、债权确认书等函件、凭证没有记载债权人名称，买卖合同当事人一方以此证明存在买卖合同关系的，人民法院应予支持，但有相反证据足以推翻的除外。"

根据上述司法解释之规定，A 公司若能提供与 B 公司的送货单、收货单、结算单、发票等就可能被法院认定存在买卖合同关系。但因 A 公司法律意识淡薄，未有任何上述证据材料。

经过律师团队梳理，开庭时 A 公司向法院提交与 B 公司各项目采购点老总的微信聊天记录截图、微信采购材料表格、公司企业信用信息，以证明采购材料的各项目负责人均系 B 公司的股东或在 B 公司任职。A 公司另向法院提交了向 B 公司两位老总催款的录音证据材料，最终确定了双方的买卖关系及买卖数额。

综上，法院支持了 A 公司的全部诉讼请求。

18. 用假离婚证办理结婚，如何定罪量刑？

□ 温奕昕

⚖ 【案情简介】

2003 年 10 月，王某与孙某登记结婚，婚后生育一子。

2010 年，王某与张某在工作中相识，后王某出轨张某，二人共同生活，张某不断催促王某跟其结婚。迫于张某催婚压力，2018 年 1 月，王某持网上购买的假离婚证，在某民政局与张某登记结婚。

2018 年 4 月，被孙某发现后，王某与孙某离婚，案发后公安机关立案侦查。

⚖ 【判决结果】

被告人王某犯重婚罪，判处有期徒刑七个月。

⚖ 【律师解读】

一、王某为何构成重婚罪？

重婚，是指有配偶而又与他人结婚或以夫妻名义共同生活，或者明知他人有配偶而与之结婚或以夫妻名义共同生活的行为。通常情况下，重婚罪主要有两种情形：一种是领取结婚证的法律婚姻，一种是公开以夫妻名义长期生活在一起，且周围民众也认为二人存在夫妻关系的事实婚姻。《中华人民共和国刑法》第二百五十八条规定，有配偶而重婚的，或者明知他人有配偶而与之结婚的，处二年以下有期徒刑或者拘役。

本案中王某的行为破坏了一夫一妻制的婚姻家庭制度，具有主观恶性和社会危害性，应依法追究刑事责任。然而，王某与张某重婚期间只有短短的三个月，重婚期间未办理婚礼，仅共同生活，双方没有生育孩子，因此，本案重婚罪情节显著轻微，社会危害性不大。故人民法院根据王某犯

"律师说法" 案例集（8）

罪事实、性质、情节和社会危害程度，依照刑法和有关司法解释的规定，判处王某6个月有期徒刑。

二、张某是否构成重婚罪？

张某主观上无与他人重婚的故意，一直认为王某与妻子已离婚，实际上张某受到王某的欺骗，故张某的行为不构成犯罪。

三、王某有伪造结婚证的行为，是否应以伪造国家机关证件罪追究王某刑事责任？

根据在案的证据显示，王某虽有使用伪造结婚证的行为，但其目的只是为与他人登记结婚。2007年5月11日实施的《最高人民法院、最高人民检察院关于办理与盗窃、抢劫、诈骗、抢夺机动车相关刑事案件具体应用法律若干问题的解释》规定"伪造、变造、买卖机动车行驶证、登记证书，累计三本以上的，依照刑法第二百八十条第一款的规定，以伪造、变造、买卖国家机关证件罪定罪，处三年以下有期徒刑、拘役、管制或者剥夺政治权利"。

本案中，王某在网上买了假的离婚证，但是只买了一次没有达到三次以上的标准，购买的目的是结婚，而不是骗取拆迁补偿，也不是逃避限购买房，王某购假离婚证的动机是单纯的，本案情节显著轻微。《治安管理处罚法》第五十二条规定"有下列行为之一的，处十日以上十五日以下拘留，可以并处一千元以下罚款；情节较轻的，处五日以上十日以下拘留，可以并处五百元以下罚款：（一）伪造、变造或者买卖国家机关、人民团体、企业、事业单位或者其他组织的公文、证件、证明文件、印章的"。对于买卖国家机关证件情节轻微的，可以适用《治安管理处罚法》处罚，这一规定体现了行政处罚到刑事处罚的渐进性。因本案公诉机关指控王某重婚罪，重婚罪已吸收了治安处罚。因此，追究王某买卖国家机关证件罪没有法律根据。本案不宜以伪造国家机关证件罪追究王某的刑事责任，法院采纳了温奕昕律师辩护意见。因此，王某不构成买卖国家机关证件罪。

重婚罪作为我国刑法体系中的一项重要罪名，旨在保护婚姻家庭制度的稳定。婚姻是社会生活的基本单元，一夫一妻制是维护婚姻稳定和家庭和睦的基础。然而，随着社会的发展和价值观的多元化，一些人在感情和婚姻方面存在着理念混乱和行为偏差的现象。这类违反道德和法律的行为，不仅破坏了家庭的稳定，也影响了社会的和谐与进步。和谐婚姻是维护社会稳定的基础，也会让夫妻双方相互成就、家庭兴旺。我们都应该彼此洁身自好，切勿为了一时的新鲜，跑偏了轨道，后悔半生。

19. 未投保交强险的交通事故无责方，是否承担责任？

□ 杨柳青

【案情简介】

2021年10月6日，孙某驾车由西向东行驶与同向吴某驾驶的车辆相撞，致吴某车辆又撞到由西向南行驶的蔡某的车辆，该事故致孙某、蔡某车辆受损、吴某受伤。

道路交通事故认定书认定孙某负事故全部责任，吴某、蔡某不负事故责任。孙某驾驶车辆在A保险公司处投保交强险及商业三者险，事故发生在保险期内。蔡某驾驶车辆未投保保险。

经鉴定，吴某受伤致多发肋骨骨折、左侧液气胸、左侧肺叶修补术后，中度呼吸困难，构成八级伤残。

吴某将孙某、A保险公司、蔡某诉至法院，要求赔偿各项损失共计265678元。

【判决结果】

一、被告A保险公司在交强险责任限额范围内赔偿198772元；

二、被告蔡某在交强险无责赔付限额内赔偿19877元（医疗费用赔偿限额1800元+死亡伤残赔偿限额18000元+财产损失77元），不足部分由A保险公司在商业三者险范围内按照保险合同约定予以赔偿，仍有不足的，由被告孙某赔偿。

"律师说法"案例集(8)

⚖ 【律师解读】

本案的争议焦点之一是案涉事故中不负事故责任的蔡某是否应当就吴某的损失承担赔偿责任。

交强险作为国家法律规定实行的强制保险险种，目的就在于为受害人提供及时、有效的救济，充分发挥保险的保障功能，维护社会稳定。"无责赔付"制度的规定更加体现了交强险的强制性、无过错赔偿性、保障受害人利益的公益性等特点。无责赔付中的"事故责任"是公安交通管理机关针对特定的交通事故单方面作出具有法律效力的具体行政行为所确定的责任，是一种行政责任，而非民事责任。当事人不负行政责任并不代表其不用承担民事责任。

《中华人民共和国民法典》第一千二百一十三条关于交通事故责任承担主体赔偿顺序是这样规定的："机动车发生交通事故造成损害，属于该机动车一方责任的，先由承保机动车强制保险的保险人在强制保险责任限额范围内予以赔偿；不足部分，由承保机动车商业保险的保险人按照保险合同的约定予以赔偿；仍然不足或者没有投保机动车商业保险的，由侵权人赔偿。"

案涉事故为多车事故，《最高人民法院关于审理道路交通事故损害赔偿案件适用法律若干问题的解释》第十八条规定："多辆机动车发生交通事故造成第三人损害，损失超出各机动车交强险责任限额之和的，由各保险公司在各自责任限额范围内承担赔偿责任；损失未超出各机动车交强险责任限额之和，当事人请求由各保险公司按照其责任限额与责任限额之和的比例承担赔偿责任的，人民法院应予支持。"

2020年9月19日之后，被保险人在道路交通事故中无责任的赔偿限额提高为："死亡伤残赔偿限额18000元，医疗费用赔偿限额1800元，财产损失赔偿限额100元。若投保机动车交强险一方在事故中无责任，则以上述无责限额为限，对受害人进行赔偿。"

蔡某不负事故责任，本应由承保其机动车强制保险的保险公司在无责赔付限额内依照上述法律规定承担赔偿责任，但是蔡某并未为其车辆购买交强险。《机动车交通事故责任强制保险条例》第二条明确规定："在中华人民共和国境内道路上行驶的机动车的所有人或者管理人，应当依照《中华人民共和国道路交通安全法》的规定投保机动车交通事故责任强制保险。"蔡某驾驶车辆未购买交强险而上路行驶，属于违法行为。《最高人民法院关于审理道路交通事故损害赔偿案件适用法律若干问题的解释》第十六条规定："未依法投保交强险的机动车发生交通事故造成损害，当事人请求投保义务人在交强险责任限额范围内予以赔偿的，人民法院应予支持。"

20. 环卫工人在工作时中毒，谁来承担责任？

□ 李炎朋

【案情简介】

2020年3月10日，甲公司与Y市X区环卫中心签订《Y市X区道路清扫保洁服务项目承包合同》。

2021年6月，张某到甲公司从事道路清扫保洁工作。2022年3月5日凌晨6时许，张某在工作场合被人发现躺在地上，遂被送往Y市中心医院急诊治疗。经诊断，病人为急性有机磷中毒（重度），毒物分析报告单显示送检血液中检出有机磷农药（敌敌畏）成分4.2umol/L。

2022年4月21日，张某因治疗无效死亡。

2022年7月，张某的继承人张一、张二起诉甲公司和Y市X区环卫中心连带赔偿医疗费、误工费、护理费、死亡赔偿金等共计120余万元。

【判决结果】

驳回原告张一、张二的诉讼请求。

【律师解读】

2022年5月16日，对张一所做的询问笔录，载明公安机关询问："家

"律师说法"案例集（8）

里是否有农药。"张一回答："是的，家里农村的嘛，有菜地，所以购买了某牌杀虫剂，瓶装液体，很早之前买的。"公安机关询问："张某是否知道家里的农药"，张一回答："没注意，平时地里杀虫的活基本是他去干的。"根据监控显示自张某到达工作地到毒发倒地，未见口服毒药迹象。

2022年6月20日，Y市公安局X区分局刑事侦察大队出具《情况说明》，证明经询问有关人员、调查现场监控、实地走访中毒者居所等，无法证明有犯罪事实发生。张某家属对此也无异议。

根据《中华人民共和国民事诉讼法》第六十七条之规定，当事人对自己提出的主张，有责任提供证据。

当事人及其诉讼代理人因客观原因不能自行收集的证据，或者人民法院认为审理案件需要的证据，人民法院应当调查收集。

人民法院应当按照法定程序，全面地、客观地审查核实证据。

本案中，张某中毒后治疗无效身亡，故本案的争议焦点为甲公司和Y市X区环卫中心对张某的中毒是否存在过错。根据监控显示，张某于2022年3月5日凌晨5点25分到达工作场所，于5时37分中毒倒地。虽张某是在工作场所中毒倒地，但在此期间张某并未开始从事道路清扫工作，其工作内容也不会接触到有毒物质，张某中毒与其从事的工作也不具有因果关系。张一、张二所主张甲公司和Y市X区环卫中心承担赔偿责任的证据不足，应由张一、张二承担举证不能的责任，因此人民法院依法驳回了张一、张二的诉讼请求。

综上，在民事诉讼中，证据的归纳总结是极其重要的，如何筛选证据、举证质证有的时候关乎民事案件的成败。因此，在条件允许的情况下应当积极地委托律师或者咨询律师进行证据的举证，避免承担举证不能的不利后果。

21. 房屋继承分割后，能否要求垫付购房款？

□ 白雪娇

【案情简介】

于某与李某育有三个子女，分别是于甲、于乙、于丙。

于某与李某在北京的公租房被拆迁，拆迁后安置了一套房屋，于甲垫付房款90000元，登记在于甲母亲李某名下。

于某与李某分别于2019年、2020年去世。

去世后，于甲以合同纠纷将于乙、于丙诉至法院，认为涉案房屋系当时借用父母的名义购买的，要求确认涉案房屋归于甲所有，于乙、于丙配合办理过户手续。法院判决驳回于甲的诉讼请求。于甲不服提起上诉，最终二审维持一审判决。

于甲又以继承纠纷诉至法院，要求由其继承涉案房屋。于甲提交于某留下的遗嘱，载明：涉案房屋归于甲继承。于乙、于丙拿出一份李某留下的公证遗嘱，载明：将涉案房屋归于乙、于丙继承。最终法院判决由于甲继承房屋的二分之一，于乙、于丙各继承房屋四分之一的份额。于甲仍不服上诉，二审法院驳回，维持原判。

于甲又以继承纠纷提起本案，要求判令于乙、于丙支付于甲现房屋市值的一半购房款8128500元，并要求于乙、于丙返还装修款89362.5元。

【判决结果】

一审判决：

被告于乙、于丙于判决生效之日起七日内给付原告于甲购房款32612.83元。

被告于乙、于丙不服一审判决，提起上诉。

二审判决：

驳回上诉人于乙、于丙的上诉，维持原判。

"律师说法"案例集（8）

【律师解读】

一、法院已以继承纠纷分割了涉案房屋，于甲是否还能以继承纠纷来要求支付该房屋的购房款呢？

答案当然是否定的。在法律上这种情况构成了重复起诉，于甲要求继承父母的遗产已由法院处理完毕，且于甲本次提出的诉请与案由明显不对应。于甲以继承纠纷来起诉其他继承人要求其垫付的购房款并非父母遗留的财产，而是父母生前留下的债务，所以于甲起诉的案由明显存在问题，最终，法院依法将案由改为被继承人债务清偿纠纷。

二、在本案起诉中，于甲要求于乙、于丙支付现在房屋市值的一半8128500元来抵当年于甲垫付的90000元购房款，能否被法院支持？

我们作为于乙、于丙代理人认为于甲的主张不具有合理性，也不可能得到法院的支持。

首先，于甲自认当年系为父母垫资，垫资时也并未向父母要求利息或者要求父母按照分割时房屋市值来给付垫付款项。其次，在前次诉讼中法院已将涉案房屋认定为父母的遗产，并将涉案房屋按照继承分割完毕。于甲主张购房款基于的是垫付的资金而不是房屋。最后，因房屋已被法院认定为父母的遗产，那么垫付的资金系父母垫付购房款，垫付的购房款系父母留下的债务，我们认为于甲仅能依据当年垫付的款项来要求于乙、于丙支付垫付资金。最终经过一、二审法院审理，法院判决于乙、于丙分别给付于甲购房款32612.83元。

22. 购买二手车发现被调表，是否可以主张赔偿？

□ 岳广琛

【案情简介】

2021年6月3日，姚某因工作需要欲购买一辆汽车，通过第三人郝某介绍得知贾某出售符合其需求的汽车。郝某在微信中向姚某发送车辆照片，含外观、内饰、表盘等，表盘中显示公里数为4万余公里。2021年6月4日，贾某（甲方）与姚某（乙方）签订了《车辆转让协议》，约定甲方于2021年6月4日将奔驰车转让给乙方。经双方商定该车转让价格为216000元。甲方保证该车辆来源正当、合法，随车的全部证件手续齐全、真实、有效，并在有关车辆部门中备有档案。甲方保证该车辆无经济债务纠纷，无法院查封，保证该车辆可以过户转籍，否则甲方退回全部车款及相关费用给乙方。如经查实该车辆在交通车管部门档案不正规、不合法、不齐全等，甲方将退还所有购车款给乙方，并赔偿乙方的所有经济损失，由此产生的后果甲方负全部责任。交车随车证件有行驶证、车辆登记证书、购置证、保险单、购车发票、车钥匙、随车工具。备注：此车状态正常非盗抢，必须过户，保证无重大事故，无水泡，无火烧，买方已确认车况且自愿购买此车，保证发动机变速箱正常。发动机变速箱质保一年。

2021年6月4日，姚某通过微信向贾某支付定金6000元，2021年6月9日通过银行及微信转账向贾某转账160000元，通过支付宝账户向郝某转账50000元。

姚某接收车辆后发现车辆被调表，里程数有偏差，协商无果后向法院提起诉讼。

【判决结果】

一审判决：

一、撤销原告姚某与被告贾某于2021年6月4日签订的《车辆转让协议》。

二、被告贾某向原告姚某退还购车款216000元，原告姚某向被告贾某退还已交付的奔驰小型轿车一辆，如涉及车辆过户问题，相关费用由贾某负担。

三、被告贾某向原告姚某支付赔偿款432000元。

四、驳回姚某的其他诉讼请求。

被告贾某不服一审判决，提起上诉。

"律师说法"案例集(8)

二审判决：
驳回上诉，维持原判。

【律师解读】

一、贾某是否具有经营者身份并实施了经营行为？

贾某曾自述其存在经营车辆买卖并赚取利差的事实，在2021年4月购买并转移登记案涉车辆至魏某名下后，间隔仅两个月就将该车出售给姚某。结合贾某与姚某关于回购车辆的聊天记录等事实，贾某将登记在魏某名下的案涉车辆出售给姚某的行为系以经营者身份实施经营行为，应受消费者权益保护法约束。

二、贾某出售案涉车辆的行为是否构成欺诈？

《民法典》第一百四十八条规定，一方以欺诈手段，使对方在违背真实意思的情况下实施的民事法律行为，受欺诈方有权请求人民法院或者仲裁机构予以撤销。构成欺诈行为应符合以下要件：一是行为人须有欺诈的故意；二是行为人须有欺诈的行为，可以是故意虚构虚假事实，也可以是故意隐瞒应当告知的真实情况；三是受欺诈人因行为人的欺诈行为陷入错误判断；四是受欺诈人基于错误判断作出意思表示。

案涉交易系二手机动车销售，贾某为销售方，作为买卖合同的出卖人，负有将涉案车辆的真实情况告知买受人的义务。根据现有证据，不能证明贾某将车辆的行驶公里数告知了姚某，而是贾某自述其未向姚某介绍车况，系经郝某将车辆出售给姚某。根据姚某提供的通话录音，郝某针对姚某所提出的问题，明确认可其曾向姚某告知车辆行驶里程四万多公里，并进一步称此信息源自出卖人。2020年12月26日即双方交易车辆前的保养记录显示行驶公里已达14万余公里，综合本案姚某提交的双方缔约前后的沟通记录等其他证据，法院认定贾某至少存在隐瞒涉案车辆真实车况的行为，具有事实依据。一方当事人故意告知对方虚假情况，或者故意隐瞒真实情况，诱使对方当事人作出错误意思表示的，可以认定为欺诈行为。

2020年12月26日，车辆保养时，行驶里程为140785公里。2022年3

月 10 日，该车的行驶里程为 61526 公里，据此可以认定，车辆总行驶里程数据被人为修改了。贾某自述其经郝某介绍将该车出售给姚某，当时已告知郝某车辆里程数为 14 万多公里；贾某向姚某卖车前在其朋友圈曾发布的同款白色奔驰车公里数显示为四万多公里，姚某与郝某微信聊天记录及通话录音显示，郝某向姚某介绍涉案车辆里程数为四万多公里。

根据上述事实及双方当事人的陈述，可以认定涉案车辆行驶总里程数被贾某进行了修改。贾某在客观上存在隐瞒涉案车辆真实情况的行为，二手车车辆行驶里程数系买车人决定是否购买车辆的重要因素，贾某隐瞒车辆实际行驶里程数足以对姚某最终作出购买涉案车辆的行为造成误导，因此应当认定贾某的行为已构成欺诈。故姚某要求撤销双方签订的《车辆转让协议》的诉讼请求，于法有据，法院予以支持。《车辆转让协议》被撤销后，贾某应当退还购车款 216000 元，姚某应当退还涉案车辆。

三、贾某是否承担赔偿责任？

《消费者权益保护法》第五十五条规定，经营者提供商品或者服务有欺诈行为的，应当按照消费者的要求增加赔偿金额，赔偿金额为消费者购买商品的价款或者接受服务的费用的三倍。

一方面，贾某的欺诈行为损害了姚某作为消费者的合法权益，故贾某应当承担相应的赔偿责任。另一方面，因二手车车辆的特殊性，考虑到我国二手车市场交易体制、交易环境、交易模式的现状，二手车车辆的合法性信息、维修信息、事故记录信息等存在公开透明度低、信息不对称等情况，在二手车的交易过程中买卖双方均应履行各自的审慎义务。买受者在选购二手车签订合同支付价款前应就其足以影响购买意向的车辆信息主动向销售者询问核实，并对车辆进行全面查询检验。由当事人陈述及双方微信聊天记录等证据可知，姚某在购买涉案车辆时并未对涉案车辆的真实情况尽到审慎的注意义务，其自身存在一定过错，故法院酌定贾某给予姚某二倍购买商品价款的赔偿。

23. 赠与合同和遗嘱，为何认定无效？

□ 王 瑞

【案情简介】

曾某有两段婚姻，与前妻育有一女曾甲，与现任配偶秦某育有一子曾乙（未成年），2021年10月曾某去世，其母吴某在世。

曾某名下有两处房产，分别是某村房产和某路房产。2006年6月，曾某投资成立A医院；2016年3月，曾某投资成立B公司。

曾某去世后，秦某从曾某办公室保险柜中取出2份房产赠与合同、1份A医院赠与协议书、1份B公司赠与合同、1份B公司合作协议书，签署时间为2021年2月。秦某、曾乙在庭审中自述从保险柜中取出前未见过上述协议。

房产赠与合同载明：某村房产和某路房产均赠与曾乙；如曾某去世，两处房产由曾乙继承。

A医院赠与协议书载明：曾某、秦某将A医院相关股权、利润的25%赠与曾甲，75%赠与曾乙。

B公司赠与合同载明：曾某投入某地块资金及今后投入B公司资金和权益的25%赠与曾甲，75%赠与曾乙。

B公司合作协议书载明：曾乙投资150万元，占B公司股份75%，曾甲投资50万元，占B公司股份25%。

上述协议均为打印文本，且均明确约定合同经各方签字后生效，协议中均只有曾某一人签字。

现曾母吴某和前妻之女曾甲作为原告，以秦某、曾乙为被告向法院起诉，要求依照法定继承分配曾某遗产。秦某、曾乙辩称，曾某生前已将财产赠与曾乙，不同意按法定继承处理。

【判决结果】

一审判决：

曾某赠与合同有效，相应财产不作遗产处理。其他财产按法定继承处理。

原告吴某、曾甲不服一审判决，提起上诉。

二审判决：

赠与合同和遗嘱均无效，按法定继承处理。

【律师解读】

二审法院与一审法院判决不同的关键，在于辨析赠与合同与遗嘱是否成立、有效。

《民法典》第六百五十七条规定，赠与合同是赠与人将自己的财产无偿给予受赠人，受赠人表示接受赠与的合同。赠与合同是双方法律行为，需要曾某有赠与的意思表示，同时需要将该意思传达给受赠人曾甲、曾乙，且受赠人需要明确表示接受赠与，合同才成立、生效。如果受赠人表示不接受赠与，赠与合同不成立。本案赠与协议：第一，未完成各方签字后生效的合同约定的生效要件。第二，未传达给受赠人曾甲、曾乙，双方未形成赠与合意，故法院认定赠与协议未成立、未生效。

房产赠与合同中有曾某去世后两处房产由曾乙继承的内容，该遗嘱是否有效？《民法典》第一千一百三十六条规定，打印遗嘱应当有两个以上见证人在场见证。遗嘱人和见证人应当在遗嘱每一页签名，注明年、月、日。本案遗嘱为打印形式，且没有两个以上见证人签字，不符合打印遗嘱形式要件，为无效遗嘱。

曾某想把自己的大部分家产赠与曾乙或由曾乙继承，提前规划的意识是好的，但因为没有请专业律师对相关法律文书把关，没有达到其处分财产的目的。律师提醒，专业的事交给专业的人做，想通过赠与、遗嘱等法律工具规划财产，最好请专业律师把关。

"律师说法" 案例集(8)

24. 银行卡被盗刷起诉赔偿，法院如何判决？

□ 庞立旺

【案情简介】

徐某系Z银行S市某支行储户，持有卡号为×××的借记卡一张。

2016年3月2日，徐某的借记卡发生三笔转账，共计146200元，转入户名均为石某。

2016年4月29日，F市公安局对涉嫌盗窃罪的谢某执行逮捕，送F市看守所羁押。同年5月18日，犯罪嫌疑人谢某在《讯问笔录》中承认，其通过补办手机SIM卡截获Z银行发送的动态验证码，进而进行转账，盗刷了包括徐某在内的三个受害人的银行卡。

2016年6月，F市公安局出具《呈请案件侦查终结报告书》，载明：2016年3月2日，此次作案由谢某负责转账取款，上家负责提供信息、补卡，此次谢某盗刷了周某、徐某、汪某等人银行卡内存款共计400700元。

谢某被抓时已将上述涉案款挥霍一空，且无力赔偿周某、徐某、汪某等人经济损失。徐某遂向人民法院起诉请求Z银行赔偿银行卡盗刷损失及利息。

【判决结果】

一审判决：

一、被告Z银行给付原告徐某存款损失146200元；

二、被告Z银行给付原告徐某自2016年3月3日起至判决生效之日止，以146200元为基数，按照中国人民银行同期存款利率计算的利息损失。

被告Z银行不服一审判决，提起上诉。

二审判决：

驳回上诉人Z银行的上诉，维持原判。

【律师解读】

《中华人民共和国商业银行法》第六条规定,"商业银行应当保障存款人的合法权益不受任何单位和个人的侵犯"。

本案中,徐某在Z银行处办理了借记卡并将资金存入Z银行处,Z银行与徐某之间建立储蓄存款合同关系。

在储蓄存款合同关系中,Z银行作为商业银行对徐某具有保障账户资金安全的法定义务,以及向徐某本人或者其授权的人履行的合同义务。为此,Z银行作为借记卡的发卡行及相关技术、设备和操作平台的提供者,应当对交易机具、交易场所加强安全管理,对各项软硬件设施及时更新升级,以最大限度地防范资金交易安全漏洞。随着电子银行业务的发展,商业银行作为电子交易系统的开发、设计、维护者,也是从电子交易便利中获得经济利益的一方,应当也更有能力采取更为严格的技术保障措施,以增强防范银行卡违法犯罪行为的能力。

徐某涉案账户的资金损失,系因谢某非法获取徐某的身份信息、手机号码、取款密码等账户信息后,通过补办手机SIM卡截获Z银行发送的动态验证码,进而进行转账所致。在存在网络盗刷的情况下,Z银行仍以身份识别信息和交易验证信息通过为由主张案涉交易是持卡人本人或其授权交易,不能成立。而且,根据现有证据无法查明案外人谢某如何获得交易密码等账户信息,Z银行亦未提供相应的证据证明账户信息泄露系因徐某没有妥善保管使用银行卡所导致,因此,应当由Z银行承担举证不能的法律后果。

Z银行主张手机运营商在涉案事件中存在过错。徐某提起诉讼的请求权基础为储蓄存款合同关系,手机运营商并非合同以及本案的当事人,手机运营商是否存在过错以及Z银行对徐某承担赔偿责任后,是否有权向手机运营商追偿,并非本案审理范围。

综上,Z银行在储蓄存款合同履行过程中,对Z银行账户资金既未尽到安全保障义务,又无证据证明徐某存在违约行为可以减轻责任,Z银行对徐某的账户资金损失应当承担全部赔偿责任。

25. 刑事赔偿款超出退赔额，法院如何判决？

□ 林 玲

【案情简介】

2020年6月2日，陈某之女杨某某因经济问题被羁押，陈某在公安侦办阶段向北京某公司（受害人）退赔60万元，北京某公司出具谅解书。法院判决认定涉案金额676620元，杨某某应退赔213498元。

陈某认为判决前支付的60万元存在超额支付的情况，多付386502元。遂诉至法院，主张北京某公司返还不当得利。

【判决结果】

驳回原告陈某的全部诉讼请求。

【律师解读】

一、陈某给付款项的超出部分如何认定？

《民法典》第一百二十二条规定，因他人没有法律根据，取得不当利益，受损失的人有权请求其返还不当利益。

《最高人民法院关于适用〈中华人民共和国刑事诉讼法〉的解释》第二百七十六条规定，人民法院除应当审查被告人是否具有法定量刑情节外，还应当根据案件情况审查以下影响量刑的情节：（五）退赃、退赔及赔偿情况。被告人是否积极赔偿被害人经济损失，取得被害人谅解系被告人是否可以从宽处罚的重要考虑因素。

本案中，虽然北京某公司与陈某之间并没有签署任何协议，但北京某公司出具的谅解书中显示"该60万元系用于赔偿杨某某违法犯罪行为给北京某公司造成的各类经济损失"。陈某为了争取杨某某从宽处罚的有利结果主动赔偿，受害方收款后向办案机关出具书面《谅解书》并最终被法院采纳和认可。陈某并未举证证明对给付 60 万元赔偿款或北京某公司出具谅解书的行为提出过异议，亦未举证证明本案存在欺诈、胁迫、违背公序良俗或其他法定撤销、无效事由。

因此，本案是在双方协商一致后，通过给付赔偿款，北京某公司出具谅解书，争取法院对杨某某犯罪行为的从宽处罚，是双方当事人基于真实意思表示发生的合法有效的民事法律行为，应得到法律保护。

就谅解书中提及的各类经济损失而言，民事法律责任中所涉赔偿损失责任，应赔偿全部损失，包括直接损失（财产上的直接减少）和间接损失（失去的可以预期取得的利益）。杨某某等人违法侵占北京某公司用于商业推广的费用所造成的损失，不仅包括北京某公司直接减少的财产（杨某某等人应予退赔的犯罪所得、资金占用利息等），还应包括这部分商业推广费用。如正常使用后，北京某公司可以预期取得的生产利益或经营利润等预期利益或其他经济损失。因此，北京某公司取得杨某某等四名被告人退赔犯罪所得弥补其直接损失后，仍有权要求杨某某等四名被告人赔偿退赔金额之外的预期利益损失等其他合理经济损失。

二、陈某多支付的款项可否向其他同案犯主张追偿？

对于陈某给付北京某公司的退赔金额之外的其他合理经济损失赔偿款 386502 元，陈某如果认为系北京某公司除去退赔金额之外的全部经济损失应由其他三名被告人共同承担的，则可依法向其他三名被告人另行主张权利。

26. 离婚协议对房屋的约定，能否排除强制执行？

□ 武景生

【案情简介】

张某与刘某芳于 1996 年结婚。2015 年 5 月 26 日，两人签署《离婚协议书》，约定双方共同共有的房屋归刘某芳所有，一辆福特车归刘某芳所

"律师说法"案例集（8）

有，双方无债权问题，所有债务由张某偿还。同日，办理离婚登记，涉案房屋至今仍登记在张某名下。

2015年5月20日，杨某向本院起诉张某借款纠纷一案，法院于2016年1月作出民事判决书，判决张某向杨某返还借款30万元。判决书生效后，杨某向本院申请强制执行，执行过程中，法院于2016年7月查封上述房屋。

刘某芳就此查封向该案执行部门提出执行异议，被裁定驳回。同时又提起执行异议之诉，请求解除对房屋的司法查封，并停止对该房地产的执行。

【判决结果】

驳回执行异议之诉原告刘某芳的诉讼请求。

【律师解读】

一、协议对房屋的约定是否具有对抗第三人的效力？

《民法典》第二百零九条规定，不动产物权的设立、变更、转让和消灭，经依法登记，发生效力；未经登记，不发生效力，但是法律另有规定的除外。

离婚协议中关于财产尤其涉及房产等不动产分割的协议，如果没有到不动产登记中心办理登记的，将不发生物权变动的效力，更不具有对抗第三人的效力。

二、能否排除强制执行？

《最高人民法院关于人民法院办理执行异议和复议案件若干问题的规定》第二十八条指出，金钱债权执行中，买受人对登记在被执行人名下的不动产提出异议，符合下列情形且其权利能够排除执行的，人民法院应予支持：（一）在人民法院查封之前已签订合法有效的书面买卖合同；（二）在人民法院查封之前已合法占有该不动产；（三）已支付全部价款，或者已按照合同约定支付部分价款且将剩余价款按照人民法院的要求交付执行；（四）非因买受人自身原因未办理过户登记。显然，刘某芳不符合上述情况。

三、离婚时，夫妻之间的财产分割协议主观上是否具备逃避债务的恶意？

在司法实践中，如果财产分割协议在先，债务形成在后，则不会被认定具备逃避债务的恶意。反之，如果债务在先，财产分割协议在后，双方明显是在没有处理债务的情况下分割财产，主观上就具备逃避债务的恶意，将不会被认定排除执行。

当然，这并不能一概而论，男女双方离婚，并约定所有财产归女方所有，所有债务男方偿还，仅依据这一点，法官就能够从中明显感觉出男女双方离婚分割财产，带有逃避债务的嫌疑。

男方张某欠杨某借款 30 万元，房屋登记在张某名下，杨某要求对张某名下的财产予以司法查封并申请强制执行符合法律规定。

综上所述，离婚协议能否排除执行异议，主要是从离婚协议的性质、效力、当事人主观是否存在过错，离婚双方当事人主观方面是否存在逃避债务的恶意，以及债权形成的时间及性质等情况进行分析判断。

27. 办理赠与过户手续，能否撤销赠与房产？

□ 白雪娇

【案情简介】

蒋某系岳某母亲。2020 年 9 月 9 日，蒋某被确认存在认知障碍。

2021 年 2 月 28 日，蒋某与岳某签订《承诺书》，约定：蒋某将自有的一套房屋赠与岳某，岳某需保证蒋某有生之年在涉案房屋内的居住权利，岳某还应承担对蒋某的赡养义务。2021 年 3 月 4 日，蒋某与岳某签订《赠与合同》，约定：蒋某无偿将涉案房屋赠与岳某，并于同日办理了涉案房屋的产权变更手续。

2021 年 3 月，蒋某、岳某因涉案房屋发生争议，蒋某诉至法院要求岳某返还房屋，并向法院申请保全涉案房屋。2021 年 4 月 8 日前往医院复

"律师说法" 案例集（8）

诊，被诊断为："认知障碍"。

2021年5月，岳某与熊某签订《某市商品房预售合同》，将涉案房屋出售，但因蒋某向法院申请查封涉案房屋，岳某未将涉案房屋出售成功。

【判决结果】

一、撤销双方于2021年2月28日、2021年3月4日签订的《承诺书》及《赠与合同》；

二、判决被告岳某返还涉案房屋，并配合办理房屋过户手续。

【律师解读】

一、《承诺书》及《赠与合同》之间的关系？

《承诺书》系双方真实的意思表示，表明蒋某的赠与系附义务的赠与。《赠与合同》实际上是因办理过户需要，蒋某和岳某在不动产登记部门签订的格式合同，并非双方真实意思。

二、本案撤销赠与房产是否超过了法定的除斥期间？

《民法典》第六百六十三条规定，赠与人的撤销权，自知道或者应当知道撤销事由之日起一年内行使。蒋某赠与发生后不到一年内就行使了撤销权，故未超过法定的除斥期间。

三、岳某出售房屋的行为能否认定为是对赠与义务的违反，蒋某是否有权要求撤销赠与呢？

《民法典》第六百六十三条规定，受赠人有下列情形之一的，赠与人可以撤销赠与：（一）严重侵害赠与人或者赠与人近亲属的合法权益；（二）对赠与人有扶养义务而不履行；（三）不履行赠与合同约定的义务。《民法典》第六百六十五条规定，撤销权人撤销赠与的，可以向受赠人请求返还赠与的财产。蒋某与岳某双方签订的《承诺书》表明，赠与的前提是岳某需保证蒋某在有生之年享有房屋的居住权，岳某出售房屋的行为明显违反了承诺事项。

综上，法院依法支持了蒋某的诉讼请求。

28. 起诉离婚的一方存在过错，法院如何判决？

□ 怀向阳

【案情简介】

2006年2月，马某与王某登记结婚，婚后生育3个孩子。共同生活期间，夫妻双方经常为生活琐事产生矛盾，事后马某回娘家生活。

2019年3月，王某诉至法院，要求与马某离婚。后王某撤诉，但双方仍未和好。

2019年7月，马某与他人交往并同居，王某发现后向派出所报案才得以阻止。现王某再次诉至法院，坚决要求与马某离婚，并抚养男孩及其中一名女孩，并要求马某赔偿7万元。

【判决结果】

一、准予原告王某、被告马某离婚；

二、儿子由被告马某抚养，2个女儿均由原告王某抚养；

三、被告马某赔偿原告王某3万元。

【律师解读】

我国《民法典》明确规定，夫妻应当相互忠实，相互尊重，相互关爱，禁止重婚，禁止有配偶者与他人同居。这要求夫妻应当相互忠实于对方，但在现实生活中违背夫妻忠实义务的人不在少数。婚姻关系的解除与否不受是否存在过错的影响，但是，一方的过错行为却会影响离婚财产的分割和离婚损害的赔偿。

一方存在过错，导致夫妻感情破裂，一方或者双方想要离婚的情况下，应当注意以下三点：

第一，无论提起离婚诉讼的一方有无过错，只要夫妻感情确已破裂，调解无效的，法院均可以判决准予离婚。因此，夫妻一方存在过错既不影响其起诉离婚的权利，法院也不会因为其过错而判决不准离婚。法院判决准予离婚与否，应以夫妻感情是否已破裂为标准。

第二，如果提起离婚诉讼的一方存在重婚，与他人同居，实施家庭暴力，虐待、遗弃家庭成员等重大过错，达到了请求损害赔偿的条件的，无过错方就可以申请离婚损害赔偿。

第三，在分割夫妻共同财产时，如果双方协议不成，法院就会根据财产的具体情况，照顾无过错方的权益。

马某在婚姻关系存续期间与他人交往并同居，违反了夫妻忠实义务，属于有过错的一方。双方夫妻感情一般，且均同意离婚，法院准许离婚。该准许离婚的判决既符合我国法律的规定，也符合当事人自愿解除婚姻关系的意思表示。

29. 十年前的烂尾工程，如何成功追偿？

□ 祝辉良

【案情简介】

2009年8月，发包人甲与承包人乙签订了一份《建设工程承包合同》（以下简称《总包合同》），约定将某工程予以发包。承包人乙将上述承包合同中的交通工程分包给了分包人A。2010年8月26日，分包人A将上述交通工程分包给了分包人B，并签订《建设工程施工专业分包合同》（以下简称《分包合同》），该分包合同主要包括协议书、通用条款、专用条款等三大版块。在分包合同签订后，分包人B按照分包合同约定开展了施工，完成分包合同约定的大部分工程量。2010年11月30日，分包人A向分包人B支付了工程款200余万元（未完全支付），之后工程烂尾，2020年左右业主更换并委托第三方就烂尾工程重新施工。

分包人B在向分包人A诉求争议解决的过程中查询到：2016年，承包人乙就上述烂尾的某工程整体将发包人甲诉至人民法院，要求其支付工程款、代缴电费、防水施工费及利息损失。2017年11月6日，人民法院作出一审判决后，发包人甲上诉至中级人民法院，中级人民法院于2018年3月12日出具民事调解书。

后分包人B就分包人A拖欠的工程款向人民法院提起诉讼。

【判决结果】

一审判决：

被告分包人A向原告分包人B支付工程款3621048.68元及利息损失。

被告分包人A不服一审判决，提起上诉。

二审判决：

驳回上诉人分包人A上诉，维持原判。

【律师解读】

该案件中祝律师代理分包人B，案件判决支持了分包人B的全部诉讼请求。

分包单位将承包的工程转包，案涉交通工程涉及公共利益及安全，应当招标而未招投标，进而导致《分包合同》无效并无争议。《最高人民法院关于审理建设工程施工合同纠纷案件适用法律问题的解释（一）》第二十四条规定，当事人就同一建设工程订立的数份建设工程施工合同均无效，但建设工程质量合格，一方当事人请求参照实际履行的合同关于工程价款的约定折价补偿承包人的，人民法院应予支持。因案涉工程确已移交，交通工程应当依法结算。

本案主要分为两个争议焦点：①案件是否已过诉讼时效；②如诉讼时效未过就不存在鉴定基础的烂尾工程，如何确定分包结算、利息起算。

在案件审理过程中，分包人A抗辩2013年9月案涉工程已移交，诉讼时效已过。但是，《分包合同》专用条款第21项第2条规定，"由分包人每月向承包人申报进度款报表，经承包人报送发包人审批，发包人批复的交通工程相应进度款扣除总包管理费及其他扣款后，剩余进度款在承包人收到发包人进度款后10日内支付给分包人"。该背靠背条款规定了工程款项须承包人乙向分包人A支付后，分包人A才向分包人B结算，分包人

"律师说法" 案例集（8）

A 与分包人 B 之间结算款项的权利和义务与发包人甲、承包人乙、分包人 A 之间的结算密切关联，影响诉讼时效。根据发包人甲与承包人乙的二审诉讼案件调解书生效时间，发包人甲与承包人乙之间关于案涉交通工程的总工程的结算直至 2018 年 3 月 12 日才确定解决，分包人 B 即便从起诉之日要求工程款亦未超过诉讼时效。

关于交通工程的结算金额确定问题，因工程在施工工程中烂尾，且现已由第三方重新施工，已无鉴定基础，故原告分包人 B、被告分包人 A 均未在庭审过程中申请鉴定。发包人甲与承包人乙之间已就案涉总工程争议解决达成调解协议的一致，在本案结算基础不够充分的前提下，对案涉交通工程的结算具有很大的参考作用，分包人 B 在立案后依法申请调取了发包人甲与承包人乙之间关于案涉工程争议案件的卷宗，发现卷宗的《审核报告》中记载"其中某中路等五条路的交通工程均未施工完成，依据业主方要求按施工方交通工程专业承包人签订施工合同价款的 65% 计入审核报告中"。分包人 B 结算的证据并不充分，而按照该 65% 比例结算为业主认可无争议的结算方式，更具证明力。按照该计算方式得出的分包人 A 对分包人 B 的欠款金额较分包人 B 现有结算相关证据算出的金额更高，代理人在庭审过程中按照 65% 相应计算方式调整诉讼请求，法院即按照诉讼请求金额全部支持。

综上，如烂尾分包工程已历时很久难以确定结算金额、存在诉讼时效风险，而建设工程施工合同中结算条款为背靠背条款，可以通过合法方式获取业主与总包的结算方式、时间、金额，这些信息或许对分包方追偿款项大有裨益。

30. 人工智能生成行业报告，他人转载是否会侵权？

□ 吴 伟

【案情简介】

A 律所律师利用人工智能软件设置关键词，生成一篇行业报告《影视娱乐行业司法大数据分析报告》（以下简称《报告》）。

2018 年 9 月 9 日，该《报告》在律所的微信公众号上发表，《报告》含有软件自动生成的可视化视图及作者根据可视化视图进行的文字描述分析。A 律所主张系涉案《报告》的著作权人，涉案《报告》系法人作品。

此后此《报告》被网友节选转发至 B 公司百家号平台。A 律所向互联网法院提起著作权侵权纠纷之诉，起诉 B 公司侵犯其著作权。

【判决结果】

一审判决：

认定侵权成立，判被告 B 公司刊登道歉声明，消除影响，赔偿原告 A 律所合理支出 1560 元。

被告 B 公司不服一审判决，提起上诉

二审判决：

驳回上诉人 B 公司上诉，维持原判。

【律师解读】

一、本案件的争议焦点：

A 律所是否为适格的主体，即著作权法中的权利人，其作品是否是著作权法上的作品？

律所主张对《报告》享有著作权，是权利人，其《报告》构成是图形作品、文字作品。B公司反驳，《报告》是人工智能运用智能算法抓取关键词后自动生成的，不是著作权法意义上的作品。

关于图形作品，系智能软件根据作者输入的关键词，自动生成的可视化图形，包含柱状图、条形图、曲线图、圆环图等，这些系软件自动抓取数据形成的，不具有独创性，不能构成著作权法上的图形作品。

文字作品，就本案来说，《报告》文字内容涉及电影娱乐行业的司法大数据分析，属于科学范围的创作，以文字形式表现且可复制。因此，双方的争议焦点在于涉案文章的文字内容是否具有独创性。

庭审现场勘验，输入关键词后，智能软件生成的对图形所做出分析的文字仅仅为简单的一句话，而涉案《报告》对图形数据进行了多视角的分析、评价，系原告独立创作完成，具有独创性，构成文字作品。

综上所述，如果是纯粹利用人工智能生成报告，一般情况下不应该评价为著作权法所保护的作品。但是，在报告基础上加入一些独创性的评价和分析，应该属于作品的保护范围。

二、本案中软件开发者、软件使用者的权利怎么保护？

从分析报告生成过程看，选定相应关键词，使用"可视化"功能自动生成分析报告。其涉及对电影娱乐行业的司法分析，符合文字作品的形式要求，涉及的内容体现出对相关数据的选择、判断、分析，具有一定的独创性。现行法律规定，文字作品应由自然人创作完成。随着科学技术的发展，计算机软件智能生成的此类"作品"在内容、形态，甚至表达方式上日趋接近自然人。现实的科技及产业发展水平，若在现行法律的权利保护体系内可以对此类软件的智力、经济投入予以充分保护，不宜对民法主体的基本规范予以突破。所以一般情况下，自然人创作完成仍应是著作权法上作品的必要条件。

上述分析报告的生成过程有两个环节自然人作为主体参与，一是软件开发环节，二是软件使用环节。软件开发者（所有者）没有根据其需求输入关键词进行检索，该分析报告并未传递软件研发者（所有者）的思想、感情的独创性表达，不应认定该分析报告为软件研发者（所有者）创作完成。同理，软件用户仅提交了关键词进行搜索，应用"可视化"功能自动生成的分析报告亦非传递软件用户思想、感情的独创性表达，该分析报告亦不宜认定为使用者创作完成。

综上，软件研发者（所有者）和使用者均不应成为该分析报告的作者。分析报告利用输入的关键词配合算法、规则和模板形成，某种意义上讲可认定智能软件"创作"了该分析报告。由于分析报告不是自然人创作的，即使智能软件"创作"的分析报告具有独创性，该分析报告仍不是著作权法意义上的作品，不能认定智能软件是作者并享有著作权法规定的相关权利。有关分析报告的署名问题，无论对软件研发者（所有者）还是使用者，非创作者都不能以作者身份署名，应从保护公众知情权、维护社会诚实信用和有利于文化传播的角度出发，在分析报告中添加生成软件的标识，标明系软件自动生成。

虽然分析报告不构成作品，但不意味着其进入了公有领域，可以被公众自由使用。分析报告的产生既凝结了软件研发者（所有者）的投入，也凝结了软件使用者的投入，具备传播价值。如果不赋予投入者一定的权益保护，将不利于对投入成果（分析报告）的传播，无法发挥其效用。对软件研发者（所有者）来说，其利益可通过收取软件使用费用等方式获得，其开发投入已经得到相应回报；且分析报告系软件使用者根据不同的使用需求、检索设置而产生的，软件研发者（所有者）对其缺乏传播动力。因此，如果将分析报告的相关权益赋予软件研发者（所有者）享有，软件研发者（所有者）并不会积极应用，不利于文化传播和科学事业的发展。《最高人民法院关于审理侵害信息网络传播权民事纠纷案件适用法律若干问题的规定》第六条规定，原告有初步证据证明网络服务提供者提供了相关作品、表演、录音录像制品，但网络服务提供者能够证明其仅提供网络服务，且无过错的，人民法院不应认定为构成侵权。从这一条法律规定上可以看出，法律是对软件开发者有一定保护的。

对软件使用者而言，其通过付费使用进行了投入，基于自身需求设置关键词并生成了分析报告，其具有进一步使用、传播分析报告的动力和预期。因此，应当激励软件使用者的使用和传播行为，将分析报告的相关权益赋予其享有，否则软件的使用者既会逐渐减少，使用者也不愿进一步传播分析报告，最终不利于文化传播和价值发挥。如前所述，软件使用者不能以作者的身份在分析报告上署名，但是为了保护其合法权益，保障社会公众的知情权，软件使用者可以采用合理方式表明其享有相关权益。

31. 行使代位权未果再主张债权，法院如何判决？

□ 庞立旺

【案情简介】

2012年1月至2013年5月，A公司与B公司共签订采购合同41份，约定：B公司向A公司出售镍铁、镍矿、精煤、冶金焦等货物。双方在履行合同过程中采用滚动结算的方式支付货款，但是每次付款金额与每份合同约定的货款金额并不一一对应。

2012年3月至2014年1月，A公司支付B公司货款共计18.2亿元，B公司向A公司开具增值税发票共计18.6亿元。A公司主张B公司累计供货货值仅为17.1亿元，B公司则主张向A公司供货货值为18.6亿元。

2014年11月25日，A公司以C公司为被告，B公司为第三人，向甲市中院提起债权人代位权诉讼。该院作出第74号民事判决书，判决：C公司向A公司支付3600万元及利息。A公司向人民法院申请强制执行但并未执行到任何款项，法院遂作出了终结本次执行的裁定。

2015年5月，A公司以B公司为被告，向某省高级人民法院提起诉讼，请求判令B公司返还货款1.5亿元及利息。

【判决结果】

一审判决：

一、被告B公司向原告A公司返还货款7500万元；

二、被告B公司向原告A公司赔偿占用货款期间的利息损失；

三、驳回原告 A 公司其他诉讼请求。

原告 A 公司不服一审判决,提起上诉。

二审判决:

一、撤销一审判决;

二、被上诉人 B 公司向上诉人 A 公司返还货款 1.5 亿元;

三、被上诉人 B 公司向上诉人 A 公司赔偿占用货款期间的利息损失;

四、驳回上诉人 A 公司的其他诉讼请求。

【律师解读】

《民法典》第五百三十五条第一款规定,因债务人怠于行使其债权或者与该债权有关的从权利,影响债权人的到期债权实现的,债权人可以向人民法院请求以自己的名义代位行使债务人对相对人的权利,但是该权利专属于债务人自身的除外。这就是 A 公司起诉 C 公司的法律依据。

第 74 号民事判决书涉及的 3600 万元债权,由于未能执行到位,A 公司依旧有权就该笔款项向 B 公司主张。原因如下:

第一,在债权人行使代位权的情况下,认定债权人与债务人之间相应债权债务关系消灭的前提是次债务人已经向债权人实际履行相应清偿义务。执行案件中,因并未执行到 C 公司的财产,人民法院已经作出终结本次执行的裁定,故在 C 公司并未实际履行清偿义务的情况下,A 公司与 B 公司之间的债权债务关系并未消灭,A 公司有权向 B 公司主张。

第二,代位权诉讼属于债的保全制度。该制度是为防止债务人财产不当减少或者应当增加而未增加,给债权人实现债权造成障碍,不是要求债权人在债务人与次债务人之间择一作为履行义务的主体。如果要求债权人择一,无异于要求债权人在提起代位权诉讼前对债务人和次债务人的偿债能力作充分调查,若无法偿债则由其自行承担债务不得清偿的风险,这不仅增加了债权人提起代位权诉讼的经济成本,还会严重挫伤债权人提起代位权诉讼的积极性,与代位权诉讼制度的设立目的相悖。

第三,本案不违反"一事不再理"原则。根据《最高人民法院关于适用〈中华人民共和国民事诉讼法〉的解释》第二百四十七条的规定,判断是否构成重复起诉的主要条件是当事人、诉讼标的、诉讼请求是否相同，或者后诉的诉讼请求是否实质上否定了前诉裁判结果等。代位权诉讼与对债务人的诉讼并不相同，从当事人角度看，代位权诉讼以债权人为原告、次债务人为被告，而对债务人的诉讼则以债权人为原告、债务人为被告，两者被告身份不具有同一性。从诉讼标的及诉讼请求上看，代位权诉讼虽然要求次债务人直接向债权人履行清偿义务，但针对的是债务人与次债务人之间的债权债务，而对债务人的诉讼则是要求债务人向债权人履行清偿义务，针对的是债权人与债务人之间的债权债务，两者在标的范围、法律关系等方面亦不相同。从起诉要件上看，与对债务人诉讼不同的是，代位权诉讼不仅要求具备民事诉讼法规定的起诉条件，同时还应当具备"债务人对次债务人享有非专属于其自身的到期债权且怠于行使"等诉讼条件。基于上述不同，代位权诉讼与对债务人的诉讼并非同一事由，两者仅具有法律上的关联性，故 A 公司提起本案诉讼并不构成重复起诉。

32. 买卖合同约定"罚款"，法院如何判决？

□ 林　玲

【案情简介】

2019 年 11 月 20 日，A 公司（采购方、甲方）与 B 公司（供货方、乙方）签署《商品采购协议》（以下简称《协议》），约定：甲方通过甲方平台及甲方的合作平台售卖双方合作商品。双方按照事先约定的供货价格和实际销售数量进行结算。协议包含附件《供应商管理规则》，规定了多处罚款规则。

合作期间，B 公司开具金额为 12564257.33 元的发票，A 公司支付给 B 公司 11514506 元，差额 1049751.33 元。B 公司主张继续支付货款 1049751.33 元、其他未支付的货款 43 万元及违约金 10 万元。B 公司提交了大量供货证据以及累计 12564257.33 元的发票。A 公司认可 12564257.33 元发票系全部供货发票，但主张根据《供应商管理规则》对 B 公司罚款累计 1049823.33 元，故该罚款直接从应付款货款中予以扣除。B 公司主张未支付的货款 43 万元是客户赔偿款。A 公司无法提供有关罚款理由和依据的证据。

A 公司不认可 B 公司说法，林律师接受 A 公司委托代理本案参与诉讼。

【判决结果】

一、原告 B 公司退还被告 A 公司货款 72 万元；

二、驳回 B 公司的诉讼请求；

三、驳回 A 公司的其他反诉请求。

【律师解读】

本案被告代理律师在案件开过四次庭审后介入。本案证据及纸质证据不少于 2500 张，电子版证据更是多到无法正常打开，各方面临证据核实"难"的客观事实。

《最高人民法院关于适用〈中华人民共和国民法典〉时间效力的若干规定》第一条规定，民法典施行后的法律事实引起的民事纠纷案件，适用民法典的规定。民法典施行前的法律事实引起的民事纠纷案件，适用当时的法律、司法解释的规定，但是法律、司法解释另有规定的除外。

本案的争议系在民法典施行前的法律事实引起的民事纠纷案件，应当适用当时的法律、司法解释的规定。当事人一方不履行合同义务或者履行合同义务不符合约定的，应当承担继续履行、采取补救措施或者赔偿损失等违约责任。

林玲代理律师经全面梳理事实后，调整应诉思路，通过还原交易习惯和买卖操作流程，从全局观角度看待争议，挖掘出系统中双方操作确认的重要证据并形成京方圆内经证字第 XX 号公证书（2022），以关键性节点行为为基础，化繁为简提炼出争议项在对账时的确认信息，提出以结果导向来处理本争议，同时提起反诉。

需要说明的是，针对 B 公司主张的"罚款"实则是双方合作时基于 B

公司违约行为而事先约定的违约责任,并非行政机关性质的罚款。"罚款"实质上是基于 B 公司违反约定导致 A 公司平台交易机会丧失的违约责任,且违约责任的量化是依赖于 A 公司作为互联网平台由其获客成本、推广费用等综合确认的约定标准。关于罚款,B 公司主张双方在确定开票金额时就已经将实际发生的客户退款金额扣除,罚款是在开票之后,A 公司确认应付款中进行扣除,B 公司只能通过申诉方式提出异议。A 公司不予认可,称双方在对账过程中处理罚款,B 公司如有异议,是在对账过程中进行申诉,而不是确认后再进行申诉。A 公司提交的对账单、情况说明、证明以及公证书可以共同证明,B 公司已经对上述罚款进行了确认,且 B 公司亦认可 A 公司所交对账单中显示的金额系其申诉后经 A 公司核减确认的数额,故应当认定双方已就罚款扣除事宜达成一致,B 公司要求 A 公司支付该笔款项,无相应依据。律师通过化整为零和化零为整的综合全局观来找到争议根源并重新制定策略来找到争议破局点,即除逐个分析证据外,还要综合分析证据并将所有证据汇总来看,最终获得全案胜诉的结果。

在买卖合同中,合同当事人属于平等的法律关系主体,应尽量不使用"罚款"规则,而是通过违约责任来规范履约行为,进一步实现合同的高效执行。即使合同中约定有"罚款"规定,为避免发生争议,针对"罚款"事项应予以单独列明并由被罚款方确认为妥,杜绝一方在双方不规范的对账后再来"秋后算账"。

33. 被执行人维持生活必需住房,可以申请拍卖清偿吗?

□ 武景生

【案情简介】

杨某和刘某因民间借贷纠纷诉至法院,法院经审理,判决刘某向杨某返还借款人民币 60 万元。因刘某未自动履行给付义务,杨某向法院申请强制执行,法院在执行过程中对刘某的一套房屋采取了查封措施。申请执行人杨某表示同意参照当地房屋租赁市场平均租金标准从该房屋的变价款中扣除五~八年租金。

刘某向法院提出执行异议，认为案涉房屋系其唯一住房，法院拍卖房屋将导致其难以维持基本生活，故请求法院中止对案涉房屋的强制执行措施。

【判决结果】

驳回原告刘某提出的执行异议。

【律师解读】

一、刘某未依据生效法律文书履行金钱给付义务，法院对案涉房屋采取执行措施并无不当。

在执行异议程序中，被执行人以"唯一住房""维持生活必需"等为由请求法院中止执行的案件十分常见。依据《最高人民法院关于人民法院民事执行中查封、扣押、冻结财产的规定》第四条，被执行人及其所扶养家属生活所必需的居住房屋，人民法院可以查封，但不得拍卖、变卖或者抵债。如果按照这一规定久封不执，就可能导致申请执行人的权益迟迟不能实现。

二、《最高人民法院关于人民法院办理执行异议和复议案件若干问题的规定》第二十条有效解决了上述问题，规定了特殊情形下，虽然执行标的系被执行人及所抚养家属维持生活必需的居住房屋，但是可以继续执行。

《最高人民法院关于人民法院办理执行异议和复议案件若干问题的规定》第二十条规定，符合下列情形之一，被执行人以执行标的系本人及所扶养家属维持生活必需的居住房屋为由提出异议的，人民法院不予支持：

（一）对被执行人有扶养义务的人名下有其他能够维持生活必需的居住房屋的；

（二）执行依据生效后，被执行人为逃避债务转让其名下其他房屋的；

（三）申请执行人按照当地廉租住房保障面积标准为被执行人及所扶

养家属提供居住房屋,或者同意参照当地房屋租赁市场平均租金标准从该房屋的变价款中扣除五至八年租金的。

三、居住权不等于房屋所有权,被执行人的唯一住房与维持其本人及所扶养家属生活必需住房不是同一概念。

如果被执行人的唯一住房面积较大或者价值较高,超过被执行人及其所扶养家属生活必需范围,对超过部分可以采取以小换大、以差换好、以远换近等方式对被执行人的唯一住房进行置换,将超过生活必需部分的房屋变价款用于清偿债务。

本案中异议人刘某以案涉房屋系其唯一住房等为由提出执行异议,因申请执行人杨某已表示同意参照当地房屋租赁市场平均租金标准从该房屋的变价款中扣除五~八年租金,故对异议人刘某的执行异议,法院不予支持。同时申请执行人杨某给予了被执行人刘某五~八年的房租保障,既能够本着人道主义的原则保护被执行人的居住权益,又能够最大限度实现债权人的利益。

34. 保管他人银行卡,是否有权处分卡内款项?

□ 石丽莎

【案情简介】

柯某系刘某的岳母,柯某将其银行卡交给刘某。刘某分次通过银行ATM机,每次自柯某银行账户转款5万元至刘某名下的银行卡内,累计转款45万元。

刘某又分两次,每次自柯某银行账户转给案外人周某5万元,累计转款10万元。之后,柯某收到刘某转回的款项7.06万元,另收到10万元刘某转来的案外人还款。

柯某诉至法院,要求刘某返还不当得利款项37.94万元并自2020年8月5日起向其支付利息。

【判决结果】

一、被告刘某返还原告柯某 37.94 万元；

二、被告刘某以 37.94 万元为基数，向原告柯某支付 2020 年 8 月 5 日起至实际付款之日止的利息损失。

【律师解读】

一、保管他人银行卡，不代表享有了处分卡内款项的权利

授权或者委托持有他人银行卡，并不能直接推定其对卡内的存款形成占有或者保管，只能认为其仅仅是在保管他人的债权凭证。

二、无合法依据，支取占有他人卡内存款的行为构成不当得利

不当得利，指没有法律根据而取得利益，致他方利益受损的事实。由于该项利益的取得缺少法律上的根据，且其取得系建立在他方利益受损的基础上，依照法律规定，利益的享有人应当将该项利益返还给因此受损的人。

不当得利法律关系应同时具备如下构成要件：（一）一方获得利益；（二）他方利益受损；（三）获益与受损间存在因果关系；（四）利益的取得无法律根据。

得利人没有法律根据取得不当利益的，受损失的人可以请求得利人返还取得的利益，但是有下列情形之一的除外：（一）为履行道德义务进行的给付；（二）为债务到期之前的清偿；（三）为明知无给付义务而进行的债务清偿。

本案法院结合证据及庭审情况，认为柯某提供的证据不足以证明柯某授权刘某处分其卡内款项或作出赠与的意思表示，刘某将柯某银行卡内存款支取占有的行为，缺乏合法依据。刘某所支取的钱款，不属于法律规定不予返还的情形。刘某将柯某银行卡内存款支取占有的行为使柯某利益受到损害，所以柯某要求刘某返还 37.94 万元及利息损失得到了法院支持。

35. 解除《特许授权合同》后，加盟费及履约保证金是否退回？

□ 侯蒙莎

【案情简介】

2019年4月9日，陈某（乙方）与A公司（甲方）签订《特许授权合同》，主要约定：在乙方认同并接受甲方统一制定的一切经营管理制度、规范的基础上，甲方授权乙方作为有限公司下的加盟成员之一，在授权范围内，统一使用"微＊W"商号及"微＊"品牌注册商标，开展餐饮服务等经营活动。合同签订后，陈某向A公司支付了授权费10.8万元及履约保证金2万元。

2019年3月29日至2020年3月4日，陈某开设"微＊W"加盟店，并于"饿了么""美团外卖"等线上平台销售。

2019年8月8日，A公司向陈某加盟店铺发出《整改通知》，针对陈某经营门店不符合加盟合同约定的情况提出整改要求，并通知将在同年8月15日安排人员复查，如没有及时整改，总部将依据《加盟商管理制度》和《加盟合同》进一步采取惩处措施。同年9月11日，A公司根据复查情况再次向陈某加盟店铺发出《停止服务通知》，通知载明决定开始停止所有支持及服务工作，直至门店完成相应整改事项。2020年3月4日，陈某通过微信明确告知A公司区域经理黄某不再经营加盟店，黄某并未表示异议，同意对陈某所经营的加盟店剩余物料进行清算回收，并支付相应对价。

2020年6月15日，陈某委托律师向A公司发出"关于解除《特许授权合同》的律师函"，主要载明：A公司存在严重"隐瞒有关信息，及提供虚假信息"的行为，要求：①双方于2020年3月26日正式解除《特许加盟合同》。②A公司应在《特许加盟合同》解除之日起3日内立即全额返还加盟费、保证金，并赔偿装修损失费、设备费、折旧费、门店转让费等各项损失。A公司确认收到上述律师函，但未予回复。

陈某诉至法院，请求判令解除《特许授权合同》，返还加盟费及履约保证金。

【判决结果】

一、确认原告陈某与被告上海A餐饮管理有限公司于2019年4月9日签订的《特许授权合同》于2020年3月4日解除；

二、被告A公司于本判决生效之日起十日内返还原告陈某特许加盟费及履约保证金共计100000元。

【律师解读】

一、双方是否协商一致解除合同

《民法典》第五百六十二条规定，当事人协商一致，可以解除合同。当事人可以约定一方解除合同的事由。解除合同的事由发生时，解除权人可以解除合同。第五百六十五条规定，当事人一方依法主张解除合同的，应当通知对方。合同自通知到达对方时解除；通知载明债务人在一定期限内不履行债务则合同自动解除，债务人在该期限内未履行债务的，合同自通知载明的期限届满时解除。对方对解除合同有异议的，任何一方当事人均可以请求人民法院或者仲裁机构确认解除行为的效力。

依法成立的合同，自成立时生效，当事人协商一致可以解除合同。2020年3月4日，陈某通过微信明确告知A公司不再经营加盟店，A公司并未表示异议，且同意对陈某所经营的加盟店剩余物料进行清算回收，并支付相应对价。2020年6月15日，陈某委托律师以律师函形式书面告知A公司解除涉案合同，送达后A公司亦无异议。在此之后，双方也未再依照合同进行继续履行。上述事实表明，陈某与A公司双方均已接受合同不再履行的客观事实，构成协商一致解除合同。

二、一审法院判决返还的保证金、加盟费用是否合理

《民法典》第五百六十六条规定，合同解除后，尚未履行的，终止履行；已经履行的，根据履行情况和合同性质，当事人可以请求恢复原状或

者采取其他补救措施,并有权请求赔偿损失。合同因违约解除的,解除权人可以请求违约方承担违约责任,但是当事人另有约定的除外。主合同解除后,担保人对债务人应当承担的民事责任仍应当承担担保责任,但是担保合同另有约定的除外。第五百五十七条第二款规定,合同解除的,该合同的权利义务关系终止。这是合同解除后果的规定。

综上,根据查明的事实和相关法律规定,综合考量涉案代理协议的签订、双方当事人的履行情况等,酌情确定返还部分加盟费和履约保证金并无不当,确定的金额亦尚在合理范围之内。

36. 网红主播辱骂他人,受害人如何维权?

□ 张　璐

【案情简介】

2019年4月17日,微博用户通过账号"网红X"发布标题为"李某喊话辛某你是个啥!"的微博,微博中上传了一段严重损害辛某名誉的视频,该视频源于快手直播。至2019年4月23日,该微博有3人转发、304人回复、243人点赞。截至该视频播放完毕,在线观看该直播的人数约为1.6万人,点赞次数超过24.7万次。

李某在快手直播中以贬损性外号贬低辛某人格,并大量使用各种言语对辛某进行攻击,还虚构辛某乘人之危、在人背后说坏话等虚假事实。李某的恶意诋毁对辛某的社会评价带来了极为恶劣的影响,侵害了辛某的名誉权,有损辛某在粉丝群体中的声誉,损害后果严重。为维护自己的合法权益,辛某诉至法院。

【判决结果】

一、被告李某在"快手App"的直播中,向原告辛某赔礼道歉,为原告消除影响、恢复名誉;

二、被告李某赔偿原告辛某经济损失20000元;

三、驳回原告辛某的其他诉讼请求。

【律师解读】

一、李某在快手 App 上的直播行为是否侵害了辛某的名誉权？

首先，只有行为人的行为指向特定对象时，才可以构成对他人名誉权的侵害。但是，指向特定人的方式并不限于直接表明其姓名，还可以以别名、化名甚至是通过描述特定事件等方式指向他人，使人合理地理解其内容是指向特定的人。看直播的观众和微博用户，均已根据直播内容，将"别名"理解为辛某，并针对性地进行解释、辟谣。据此，可以认定李某评论的对象指向辛某。两证人虽然出庭作证称其没听说辛某叫过"××"这一别名，但其证人证言仅能代表其个人的认知，不足以代表全体网民的认知。李某辩称其发表的言论与辛某身份不具有对应性。不应予以认定。

其次，微博用户的评价反映出了李某直播内容的背景，虽然李某对辛某的直播专场行为进行了否定性的评价，但是辛某作为在直播界有一定知名度的人士，能够享受比普通公众更多的名望和社会资源，理应受到更多的舆论监督，对评论言论负有更高容忍义务。综上，辛某称李某通过虚构辛某趁人之危、在人背后说坏话等虚假事实损毁其名誉，不应予以认定。李某在直播行为中，使用"别名"代指辛某，却未能合理解释使用"别名"代指辛某的原因，故辛某主张李某使用贬损性外号贬低辛某人格，应予认定。李某多次使用粗言秽语，贬低辛某人格意图明显，故辛某主张李某使用攻击性词语贬低辛某人格，应予认定。

最后，李某的直播过程有约 1.5 万人观看，并引起观众的评议和对李某的附和，可以认定为造成了一定影响。李某的账号有数百万粉丝关注，其应当知道自己的直播行为可能会带来的社会影响。李某称未体现任何社会、网络影响，与证据反映事实不符，不应予以认定。

综上所述，李某多次使用粗言秽语评价辛某的行为，使用"别名"代指辛某，构成对辛某名誉权的侵害。

二、法院如何认定李某的侵权责任承担形式？

首先，根据我国相关法律可以责令侵权人停止侵害、恢复名誉、消除

"律师说法"案例集（8）

影响、赔礼道歉、赔偿损失。恢复名誉、消除影响、赔礼道歉可以用书面或口头的方式进行，内容须事先经人民法院审查。恢复名誉、消除影响的范围，一般应与侵权所造成不良影响的范围相当。其次，《最高人民法院关于审理利用信息网络侵害人身权益民事纠纷案件适用法律若干问题的规定》第十六条规定，人民法院判决侵权人承担赔礼道歉、消除影响或者恢复名誉等责任形式的，应当与侵权的具体方式和所造成的影响范围相当。最后，侵权人拒不履行的，人民法院可以采取在网络上发布公告或者公布裁判文书等合理的方式执行，由此产生的费用由侵权人承担。辛某要求李某在快手直播中向辛某赔礼道歉，为辛某消除影响、恢复名誉，符合法律规定，于法有据。

《最高人民法院关于审理利用信息网络侵害人身权益民事纠纷案件适用法律若干问题的规定》第十八条第一、二款规定，被侵权人为制止侵权行为所支付的合理开支，可以认定为侵权责任法第二十条规定的财产损失。合理开支包括被侵权人或者委托代理人对侵权行为进行调查、取证的合理费用。人民法院根据当事人的请求和具体案情，可以将符合国家有关部门规定的律师费用计算在赔偿范围内。被侵权人因人身权益受侵害造成的财产损失或者侵权人因此获得的利益无法确定的，人民法院可以根据具体案情在50万元以下的范围内确定赔偿数额。

本案中，微博内容、李某的快手账号信息属于电子证据。电子证据具有易篡改、易消亡、易变化的特点，辛某对电子证据进行证据保全属于合理的取证费用，其主张公证费8040元，于法有据。参考《某省律师收费标准》，辛某主张的律师费，未超出国家有关部门规定。综上，辛某要求李某赔偿公证费、律师费等损失共计20000元，法院予以支持。

《最高人民法院关于确定民事侵权精神损害赔偿责任若干问题的解释》第八条规定，因侵权致人精神损害，但未造成严重后果，受害人请求赔偿精神损害的，一般不予支持，人民法院可以根据情形判令侵权人停止侵害、恢复名誉、消除影响、赔礼道歉。辛某未举证证明其精神遭受损害并造成了严重后果，同时考虑辛某作为直播界的知名人士应持有较高的容忍度，其主张精神损失费30000元，于法无据。

37. 自愿支付超过四倍的利息，是否需要退还？

□ 侯晓宇

【案情简介】

2021年5月25日，胡某向蒋某出借资金15万元（借款期限为4个月）；2021年6月3日，胡某向蒋某出借资金15万元借款期限为4个月；2021年6月26日，胡某向蒋某出借资金10万元（借款期限为2个月），上述借款共计40万元。双方约定，利息为每月1万元并于每月25日支付，蒋某通过银行转账和微信向胡某支付利息至2022年9月25日。

2022年3月，蒋某再次向胡某借款。2022年3月18日，胡某向蒋某出借资金15万元，借款期限至2022年9月30日，双方约定，利息为每月3800元并于每月18日支付，蒋某通过银行转账和微信向胡某支付利息至2022年9月18日。

2022年4月28日，胡某向蒋某出借资金15万元，双方约定，利息为每月4500元，使用期为五个月，蒋某通过银行转账和微信向胡某支付利息至2022年9月28日。双方于2022年4月28日补充约定，如果胡某用钱提前10天告知蒋某，蒋某归还本金利息。

2022年6月25日，胡某因急需用钱催促蒋某还款。2022年7月至9月，胡某多次催促蒋某还款，蒋某以各种理由拖延。2022年9月28日，蒋某承诺于2022年10月1日归还5万元、10月底归还15万元、11月归还20万元、12月归还15万元、2023年1月底归还15万元，春节前全部清偿本息。

蒋某违反承诺，故胡某提起本案诉讼。

【判决结果】

一、被告蒋某于本判决生效之日起七日内偿还原告胡某借款本金577257元并支付利息；

"律师说法"案例集(8)

二、驳回原告胡某的其他诉讼请求。

【律师解读】

一、如何确定涉案借款本金数额？

《最高人民法院关于审理民间借贷案件适用法律若干问题的规定》（法释〔2020〕17号）第二十六条规定，借据、收据、欠条等债权凭证载明的借款金额，一般认定为本金。预先在本金中扣除利息的，人民法院应当将实际出借的金额认定为本金。依据此规定，预先在本金中扣除利息的，以实际出借金额认定本金并依此偿还利息。

本案中，胡某出借的第一笔借款、第二笔借款及第三笔借款均在出借时将部分利息预先从本金中扣除，应以实际出借的数额认定借款本金，即第一笔、第二笔借款本金均为135000元，第三笔借款本金为95000元。第四笔及第五笔借款不存在预先扣除利息之情况，借款本金均为15万元。

二、如何确定尚欠借款本息的数额？

《最高人民法院关于审理民间借贷案件适用法律若干问题的规定》（法释〔2020〕17号）第二十五条规定，出借人请求借款人按照合同约定利率支付利息的，人民法院应予支持，但是双方约定的利率超过合同成立时一年期贷款市场报价利率四倍的除外。第二十八条规定，借贷双方对逾期利率有约定的，从其约定，但是以不超过合同成立时一年期贷款市场报价利率四倍为限。约定了借期内利率但是未约定逾期利率，出借人主张借款人自逾期还款之日起按照借期内利率支付资金占用期间利息的，人民法院应予支持。我国民法典第六百七十九条规定，自然人之间的借款合同，自贷款人提供借款时成立。

本案中，胡某与蒋某第一笔借款合同成立于2021年5月25日，约定利息为每月3750元，折合年利率30%，高于合同成立时4倍LPR即15.4%；第二笔借款合同成立于2021年6月3日，约定利息为每月3750元，折合年利率30%，高于合同成立时4倍LPR即15.4%；第三笔借款合同成立于2021年6月26日，约定利息为每月2500元，折合年利率30%，高于合同成立时4倍LPR即15.4%；第四笔借款合同成立于2022

年 3 月 18 日，约定利息为每月 3800 元，折合年利率 30.4%，高于合同成立时 4 倍 LPR 即 14.8%；第五笔借款合同成立于 2022 年 4 月 28 日，约定利息为每月 4500 元，折合年利率 36%，高于合同成立时 4 倍 LPR 即 14.8%。

我国《民法典》第五百六十条规定，债务人对同一债权人负担的数项债务种类相同，债务人的给付不足以清偿全部债务的，债务人未作指定的，应当优先履行已经到期的债务；第五百六十一条规定，债务人在履行主债务外还应当支付利息和实现债权的有关费用，其给付不足以清偿全部债务的，除当事人另有约定外，应当按照下列顺序履行：（一）实现债权的有关费用；（二）利息；（三）主债务。依据此规定，当事人之间没有约定借款本金、利息清偿顺序的，应当先冲抵利息后冲抵本金。胡某与蒋某就借款并未约定清偿顺序，故对蒋某的 27 笔还款按照先冲抵利息后冲抵本金、优先冲抵已到期债务的本金之原则予以认定，用已偿还的超过 4 倍 LPR 的利息冲抵本金。按上述方法核算，蒋某尚欠胡某本金 577257 元及利息。

三、自愿履行的超过四倍 LPR 之利息应属自然之债，已经履行完毕，蒋某是否有权请求返还？

从新旧司法解释的体系解释对比来看，2015 年民间借贷司法解释第三十一条规定："没有约定利息但借款人自愿支付，或者超过约定的利率自愿支付利息或违约金，且没有损害国家、集体和第三人利益，借款人又以不当得利为由要求出借人返还的，人民法院不予支持，但借款人要求返还超过年利 36% 部分的利息除外。"2015 年民间借贷司法解释是以特别规定的形式，确认了合法但欠缺请求力的自然债务。然而，新民间借贷解释完全删去了该特别规定。从体系解释的角度看，如果新解释仍然将多余利息视为自然债务，其不应删去原解释第三十一条关于自然债务的特别规定，而仅需将第三十一条规定的利率上限从 36% 调整为四倍 LPR 利率即可，这可表明新司法解释本身没有再保留自然债务的设计，即超过法律保护上限的利息，不应再作为自然之债对待，而应统一视为违法债务。

38. 执行自愿达成的以物抵债协议，是否有效？

□ 武景生

【案情简介】

1996年10月，王某与李某登记结婚。

2002年，王某购买了北京市某区的房屋并登记于王某的名下。2005年，双方离婚协议约定上述房屋归王某某所有，但是房屋一直登记在王某的名下。

2007年，因夫妻两人欠张某借款，法院判决王某和李某连带偿还张某借款70万元。

2008年，王某与张某在法院主持下自愿达成执行和解协议，约定将王某名下的上述房屋作价68万元交给张某抵债，同日法院作出执行裁定书载明，将王某所有的房屋作价68万元交张某抵偿债务。

执行过程中，李某向法院提出执行异议。

【判决结果】

驳回李某提出的执行异议。

【律师解读】

一、民事执行中以物抵债的适用

以物抵债时应符合以下条件：（1）被执行人无金钱给付能力；（2）申请执行人同意以物抵债；（3）不得损害其他债权人合法权益和社会公共利益；（4）被执行人同意时，拍卖或变卖非必经程序；（5）抵债物的作价须双方一致认可。

王某作为连带债务人之一，其在执行程序中同意将涉案房屋抵偿给张某，也同意不经过拍卖、变卖手续，且双方对抵债物即涉案房屋的作价一致认可，故执行法院所出具的以物抵债裁定书具有合法性和强制执行力。

二、对抵债物的权属审查应以形式审查为原则

以物抵债过程中，执行法院在对抵债物的权属进行审查时应以形式审查为原则，不再审查实质事项。

根据《民事诉讼法》及相关司法解释规定，执行过程中，案外人如对执行标的存在异议，可以向执行法院提出书面异议申请，执行法院对异议的审查期限为15日，不得延长。此规定的目的是避免在强制执行程序基础上衍生的异议审查程序占用时间过长反而影响原审执行案件的继续执行。执行程序中的以物抵债也是如此，对已登记的不动产的权属进行审查时，依据物权登记的公示公信原则，执行法院的审查标准是不动产登记簿上的权属人与被执行人是否是同一人。

三、区别审判程序与执行程序

审判程序的主要任务是查明事实、分清是非、确认当事人之间的权利义务关系或者确认一定的事实状态，并在此基础上作出裁判，而执行程序则是以实现生效法律文书确定的内容为其主要任务。在以物抵债执行中，如果进行实质审查，就会混淆执行与审判的界限，也使案外人异议之诉的存在形同虚设。

物权变动分为基于法律行为的变动和非基于法律行为的变动。拍卖成交或者依法定程序以物抵债的，标的物所有权自拍卖成交裁定或者抵债裁定送达买受人或接受抵债物的债权人时转移，这种物权变动方式属于非基于法律行为变动的一种。

执行法院经过审查确定涉案房屋登记在王某名下，在对抵债物的审查标准上已经履行了相应的职责，执行法院有理由相信涉案房屋的所有权人为王某，王某作为承担连带责任的被执行人之一，其同意以涉案房屋抵偿生效法律文书中应该给付张某的近70万元的债务，张某对此表示同意，以物抵债行为合法有效。

39. 没有借条，为何认定继母与继子夫妻形成借贷关系？

□ 王 瑞

【案情简介】

朱某、郝某于 2009 年登记结婚，龚某系朱某继母。

2012 年，龚某出借 167 万元用于朱某夫妻购买位于上海闵行区某房屋，该房屋登记在朱某、郝某及二人女儿朱某某三人名下。

现朱某、郝某准备诉讼离婚。龚某得知后，向法院提起民间借贷诉讼。

【判决结果】

一审判决：

驳回原告龚某诉讼请求。

原告龚某不服一审判决，提起上诉。

二审判决：

一、撤销一审判决；

二、被上诉人朱某、郝某归还上诉人龚某借款 167 万元；

三、被上诉人朱某、郝某支付上诉人龚某以 167 万元为基数，自 2019 年 5 月 15 日起至实际归还之日止的利息。

郝某不服二审判决，提起再审。

再审裁定：

驳回再审申请人郝某再审申请。

【律师解读】

一、二审法院均适用《最高人民法院关于审理民间借贷案件适用法律若干问题的规定》第十七条规定:"原告仅依据金融机构的转账凭证提起民间借贷诉讼,被告抗辩转账系偿还双方之前借款或其他债务,被告应当对其主张提供证据证明;被告提供相应证据证明其主张后,原告仍应就借贷关系的成立承担举证证明责任。"一审法院与二审法院适用同一个司法解释条款,为何判决结果相异?因为一审法院对该条款举证责任的认识错误,二审法院予以纠正,再审法院支持二审法院观点。

一审法院认为,该条要求原告龚某负担更严格的举证责任,除提供转账凭证外,仍需提供双方存在借贷合意的证据,才能认定双方存在借贷法律关系,因原告龚某未提供该证据,故驳回原告龚某诉讼请求。

二审法院认为,根据上述法律规定对于举证责任的分配来看,原告龚某需首先提供证据证明存在出借款项的事实,在原告龚某提供了相应转账凭证后,如被告郝某认为该款项并非借款应就该抗辩提供相应证据,在被告郝某就相关抗辩举证后则举证责任回转到原告龚某,原告龚某应继续就借贷关系的成立进行举证。

本案中,龚某已举证证明其在朱某、郝某购房时存在167万元的出资,相关款项均是直接转账至购房人委托的收款人及财政部门,龚某已经就其主张的借贷关系完成了自己的举证责任。朱某对双方之间的借贷关系予以承认,虽然郝某对双方之间的借贷关系不予认可,但是其未能抗辩双方之间存在其他法律关系或款项用于其他用途,在整个诉讼过程中,郝某均表示不清楚、不知道,该消极的表述显然不能视为对系争款项性质作出的有效抗辩。在现有证据已经足以证明龚某对朱某、郝某两人的购房有过出资的情况下,郝某既未能举证推翻该出资,也未能抗辩和举证证明双方之间存在其他法律关系,故应当认定龚某主张的借贷关系成立。原审法院对举证责任的分配认定有误。

律师提醒,父母给子女出资购房,应先找专业律师咨询,判断是赠与还是借贷更符合父母和子女利益,提前完善证据,保护家庭财产不被其他人分割。

40. 保险格式条款理解发生争议，法院如何判决？

□ 侯蒙莎

【案情简介】

2021年3月29日，戴某在某保险公司处投保了《重大疾病险》，合同1.1.4条约定了100种重大疾病。基本保险金额10万元，保险年限为终身，缴费年限30年，被保险人为戴某，戴某每年需向某保险公司缴纳保费3320元。《重大疾病险》第1.1.3条约定重大疾病保险金："被保险人经医院确诊初次发生本主险合同'7重大疾病释义'所定义的"重大疾病"，我们按照本主险合同基本保险金额给付重大疾病保险金。重大疾病保险金给付以一次为限。我们给付重大疾病保险金后，本主险合同保险责任均终止，届时：（1）若本主险合同未附加其他附加合同，则本主险合同终止；（2）若本主险合同附加了其他附加险合同，则本主险合同满足以下全部条件时终止。"第7条"重大疾病释义"第12项"严重冠心病"约定："指经冠状动脉造影检查明确诊断为主要血管严重狭窄性病变，须满足下列至少一项条件：（1）左冠状动脉主干和右冠状动脉中，一支血管管腔堵塞75%以上，另一支血管管腔堵塞60%以上；（2）左前降支、左旋支和右冠状动脉中，至少一支血管管腔堵塞75%以上，其他两支血管管腔堵塞60%以上。"合同签订后，戴某每年按约定向某保险公司缴纳保费。

2022年3月9日，戴某经某省人民医院诊断患有不稳定型心绞痛、冠状动脉粥样硬化性心脏病，并被下发了病重通知单。冠状动脉造影显示戴某LAD（左前降支）近端完全闭塞，TIMI血流0级。LCX（左旋支）未见狭窄，TIMI血流3级。远端给RCA（右冠）提供侧支循环，RCA（右冠）远端PLA（右冠状动脉）开口闭塞，PDA（冠状动脉右降支）开口狭窄80%，TIMI血流3级，远端给LAD（左前降支）远端提供侧支循环。

戴某向某保险公司申请理赔，但某保险公司拒不赔付。戴某诉至法院，请求某保险公司履行赔付义务。

【判决结果】

被告某保险公司自本判决生效之日起十日内一次性支付原告戴某保险金100000元。

【律师解读】

《中华人民共和国保险法》第三十条规定:"采用保险人提供的格式条款订立的保险合同,保险人与投保人、被保险人或者受益人对合同条款有争议的,应当按照通常理解予以解释。对合同条款有两种以上解释的,人民法院或者仲裁机构应当作出有利于被保险人和受益人的解释。"《中华人民共和国民法典》第四百九十六条规定:"格式条款是当事人为了重复使用而预先拟定,并在订立合同时未与对方协商的条款。采用格式条款订立合同的,提供格式条款的一方应当遵循公平原则确定当事人之间的权利和义务,并采取合理的方式提示对方注意免除或者减轻其责任等与对方有重大利害关系的条款,并按对方的要求,对该条款予以说明。"第四百九十八条规定:"对格式条款的理解发生争议的,应当按照通常理解予以解释。对格式条款有两种以上解释的,应当作出不利于提供格式条款一方的解释。"

人身保险是在被保险人的生命或身体发生保险事故或保险期满时,由保险人按照合同约定,向被保险人或受益人给付保险金的保险。本案中,戴某、某保险公司自愿签订《重大疾病险》,某保险公司向戴某出具了保险合同,戴某按约定向某保险公司缴纳保险费,双方人寿保险合同关系依法成立并生效,该保险合同对双方均具有约束力,双方均应按照合同的约定行使自己的权利,履行自己的义务。戴某在保险期间被诊断为严重冠状动脉粥样硬化性心脏病,其病情符合保险合同约定的重大疾病的范畴,保险事故发生,某保险公司应当按照合同的约定承担相应的保险责任,现某保险公司拒绝履行合同义务,已经构成违约,依法应承担违约责任并继续履行合同义务。

戴某、某保险公司签订的《重大疾病险》第7条"重大疾病释义"第12项"严重冠心病"的重大疾病范畴属格式条款,当双方当事人对格式

"律师说法" 案例集（8）

合同条款的理解产生争议时，应当作出有利于被保险人的解释，即对"重大疾病"应从人们的通常理解进行解释。严重冠状动脉粥样硬化性心脏病，就是通常所说的冠心病，属于心脏病的一种，其心脏血管阻塞在50%以上时，很难通过药物治愈，某保险公司在其提供的格式条款中限定为至少一支血管管腔堵塞75%以上和其他两支血管管腔堵塞60%以上，属于缩限了"严重冠状动脉粥样硬化性心脏病"的范围，本案在作出是否属于重大疾病的判断时，应作出有利于被保险人的解释。《重大疾病险》第7条"重大疾病释义"第12项"严重冠心病"约定："经冠状动脉造影检查诊断为主要血管严重狭窄性病变，需满足下列至少一项条件：（1）左冠状动脉主干和右冠状动脉中，一支血管管腔堵塞75%以上，另一支血管管腔堵塞60%以上；2. 左前降支、左旋支和右冠状动脉中，至少一支血管管腔堵塞75%以上，其他两支血管管腔堵塞60%以上"。其中"左前降支、左旋支和右冠状动脉中，至少一支血管管腔堵塞75%以上，其他两支血管管腔堵塞60%以上"。我们可以理解为"左前降支、左旋支和右冠状动脉中，至少一支血管管腔堵塞75%以上，（或）其他两支血管管腔堵塞60%以上"；也可以理解为"左前降支、左旋支和右冠状动脉至少一支血管管腔堵塞75%以上，（且）其他两支血管管腔堵塞60%以上"。很明显，第一种理解对被保险人有利，而第二种理解对提供格式条款的保险人有利，我们再结合保险条款"经冠状动脉造影检查结果确诊为主要血管严重狭窄性病变，须满足下列至少一项条件"，把"一支血管管腔堵塞75%以上"和"其他两支血管管腔堵塞60%以上"理解为两项条件，即"左前降支、左旋支和右冠状动脉中，至少一支血管管腔堵塞75%以上，（或）其他两支血管管腔堵塞60%以上"更符合我们通常的理解。在保险期内，戴某被诊断患有不稳定型心绞痛、冠状动脉粥样硬化性心脏病，医院下发了病重通知单，冠状动脉造影显示戴某LAD（左前降支）近端完全闭塞，符合"左前降支、左旋支和右冠状动脉中，至少一支血管管腔堵塞75%以上"的条件。心脏作为人体的重要器官，对人体机能的运转起到至关重要的作用，不及时采取有效的治疗手段，已有生命危险。按照我们通常的理解，戴某所患不稳定型心绞痛，冠状动脉粥样硬化性心脏病已经属于重大疾病。

综上，戴某所患冠状动脉粥样硬化性心脏病属于《重大疾病险》约定的重大疾病，某保险公司应按照约定赔偿戴某重大疾病保险金 10 万元。

41. 拒不履行债务和解协议，是否承担违约金？

□ 庞立旺

【案情简介】

2016 年 3 月，A 公司因与 B 公司的买卖合同纠纷向人民法院提起诉讼。2016 年 8 月，经过审理，人民法院作出了 6385 号民事判决，判决 B 公司向 A 公司支付货款 500 余万元及相应的利息。

B 公司不服一审判决，提起上诉。二审期间，B 公司与 A 公司达成和解协议，约定：（1）B 公司承诺于 2016 年 10 月 14 日前向 A 公司支付人民币 300 万元，剩余的本金、利息及诉讼费（共计 200 余万元）于 2016 年 12 月 31 日前支付完毕。如果 B 公司未按照协议约定的时间支付首期款项 300 万元或在 2016 年 12 月 31 日前未能足额支付全部款项，将向 A 公司支付违约金 80 万元。若 B 公司截至 2016 年 12 月 31 日仍未足额支付全部款项，A 公司有权自 2017 年 1 月 1 日起，根据 6385 号民事判决向人民法院申请强制执行，同时追索本协议确定的违约金 80 万元。（2）A 公司同意解除对 B 公司名下财产的保全措施。

在达成协议后，B 公司向二审法院申请撤回上诉。随后，B 公司并未完全按照协议书的约定支付剩余的 200 余万元款项。

2017 年 1 月，A 公司根据 6385 号民事判决申请执行相应的债权。2017 年 6 月，A 公司再次起诉 B 公司，要求 B 公司支付违约金 80 万元。

【判决结果】

一审判决：
被告 B 公司于判决生效之日起十日内支付原告 A 公司违约金 80 万元。
被告 B 公司不服一审判决，提起上诉。

"律师说法" 案例集（8）

二审判决：

驳回上诉人 B 公司的上诉，维持原判。

【律师解读】

本案涉及的主要法律问题是和解协议的性质及其在诉讼中的效力。

《民法典》第五百八十五条规定，当事人可以约定一方违约时应当根据违约情况向对方支付一定数额的违约金，也可以约定因违约产生的损失赔偿额的计算方法。

约定的违约金低于造成的损失的，人民法院或者仲裁机构可以根据当事人的请求予以增加；约定的违约金过分高于造成的损失的，人民法院或者仲裁机构可以根据当事人的请求予以适当减少。

当事人就迟延履行约定违约金的，违约方在支付违约金后，还应当履行债务。

和解是当事人在诉讼中就争议的事项进行协商并达成协议的一种行为。在民事诉讼中，和解是当事人可以自由处分自己权利的一种表现，属于当事人的自治行为。但是，由于和解协议本身并不具有强制执行力，因此如果一方不履行和解协议，另一方当事人只能向法院申请执行原生效法律文书或者重新起诉。

本案中的和解协议是在二审期间达成的，且 B 公司按照和解协议的约定申请撤回上诉并已经履行了部分付款义务。因此，该和解协议应当视为双方当事人就案件争议事项达成了新的协议，即以和解协议的方式变更了原生效法律文书的内容。根据《民事诉讼法》的规定，当事人可以在诉讼中达成和解协议，和解协议不违反法律规定且不损害国家、集体和第三人利益的，法院应当予以认可。因此，A 公司与 B 公司达成的和解协议是合法有效的。

A 公司已经按照和解协议的约定申请执行 6385 号民事判决书所确定的债权，即 A 公司已经选择了执行原生效法律文书。但是，由于 B 公司未按照和解协议的约定支付剩余款项，导致 A 公司再次起诉 B 公司要求支付违约金 80 万元。根据《民事诉讼法》的规定，如果当事人不履行和解协议的，对方就可以向法院申请恢复对原生效法律文书的执行或者重新起诉。

综上所述，法院判令 B 公司依约支付 80 万元违约金。

42. 没有签订买卖合同没有交货记录，为何成功维权？

□ 王光华

【案情简介】

四川 A 公司为一家建筑劳务分包公司（以下简称"A 公司"）。2019 年 4 月，A 公司承建了重庆 B 公司（以下简称"B 公司"）承接的四川省巴中市某地区的道路修建工程，工程发包方为当地一镇政府。在工程进度到达 80% 的时候，B 公司表示剩余的道路工程由自己完成，A 公司退出工程施工，A 公司同意了 B 公司这一提议。在 B 公司进行道路施工过程中，使用了 A 公司遗留在工地上、未用完的砂石材料，双方未签订买卖合同，也没有交货记录，对堆放的砂石也没有计算测量方量。

道路竣工后，A 公司拿到了施工款，但在砂石材料款上，B 公司一直未支付。在 A 公司的不断追讨下，2021 年 6 月，B 公司项目管理人员常某、A 公司负责人何某、镇政府代表左某就砂石材料款事宜达成了一项代偿协议，内容为：因镇政府尚欠 B 公司工程尾款，故由镇政府代 B 公司向 A 公司支付砂石材料款，金额 200 万元，该金额需经双方确认最终准确金额。

在签协议环节，镇政府代表左某并未在代偿协议上签字，仅有常某、何某在代偿协议上签字。

因 B 公司一直未支付材料款，A 公司遂起诉 B 公司并要求支付。在证明买卖合同的成立上，A 公司除了代偿协议之外，再无其他证据。

【判决结果】

一审判决：
驳回原告 A 公司的全部诉讼请求。
A 公司不服一审判决，提起上诉。

"律师说法"案例集（8）

二审判决：

一、撤销某法院作出的民初第某号民事判决；

二、被上诉人B公司于本判决生效之日起七日内，支付上诉人A公司砂石材料款200万元。

【律师解读】

该案件是本律师代理的二审成功改判案件，改判的主要原因是在举证方面实现了突破。

众所周知，打官司就是打证据，举证质证是所有诉讼中的核心环节。在民事诉讼中，举证问题是原告起诉中的一个关键问题，证据不足也成为民事诉讼中原告方败诉的一个重要原因。在建筑施工领域，施工方、分包方等许多施工参与人由于人情关系等原因，彼此间的许多合作可能不会签订相关合同，造成了案件当事人在主张权利时面临举证困难从而导致败诉。

该案是建筑施工过程中衍生的一个买卖合同，A公司与B公司仅是在劳务分包上签订了合同，彼此之间既有合作，关系也相对比较熟。B公司使用A公司砂石材料修建道路，构成一个买卖合同关系，但是双方并没有签订买卖合同，只是打了个招呼就直接在工地上搬运使用，其间没有计算测量砂石的方量，既没有交货的形式，也没有交货凭证。造成A公司主张权利时举证困难。另外，B公司也不认可代偿协议的有效性，一是认为代偿协议没有代偿方的签字，协议不成立；二是认为常某的签字属个人行为，与公司无关。最后，一审法院以证据不足驳回了原告的诉讼请求。

证据的证明范围有大有小，即使只能证明很局部的事项，那也构成有效的证据。在该案中，代偿协议虽然不成立，但作为证据是有效的，能够证明债权债务的存在，只是该证据在该案中是个孤证，证明范围很小，证明力也很弱，没有其他证据印证，很容易被对方否定，也难以被法院采信。

在二审过程中，本律师根据该案证据不足的情况，仔细认真地跟A公司的项目负责人何某进行了仔细沟通，熟悉了该道路施工项目的特点、施工工艺、用材数量、用材比例以及计量方法，并指导何某主要从以下三方面进行调查取证：

一是关于B公司何某项目经理身份以及表见代理方面的证据；二是双

方会议纪要关于用材要求、用材比例、计量方法等方面的证据；三是关于施工转换、路基交接、B公司施工路段路长的数据。根据上述证据，最后确定了双方的最终结算金额，得到了法庭的认可。通过上述补充证据，证明了买卖合同的存在、债权的形成以及债权的准确金额，在证据链上做到了闭环统一，这也是二审改判的关键原因。

在诉讼中，不仅需要法律方面的知识，法律之外的调查取证、组织证据能力也至关重要，掌握这些基本能力，更是实现诉讼目标的基本保障。

43. 有借条和取款凭证，为何没有认定借贷关系？

□ 王 瑞

【案情简介】

2013年5月，喻某、贵州某药业公司、喻某之弟与胡某、周某签订《借条》，约定喻某向胡某、周某借款人民币200万元整，其中100万元为转账，100万元为现金，约定了借款期限和利息。贵州某药业公司、喻某之弟提供担保，落款日期2013年5月20日。次日，周某取款100万元。借条下方喻某手写"收到人民币现金壹佰万元整，港币壹佰贰拾伍万元"，落款日期2013年5月21日。各方均在《借条》上签字或盖章。

2018年1月喻某去世，2019年11月，周某将上述100万元债权转让给马某。马某以喻某法定继承人喻某妻郝某、喻某子女及喻某之弟为被告，胡某、周某为第三人，提起民间借贷诉讼，请求：第一，判令被告郝某、喻某子女、喻某之弟等四人偿还借款100万元及利息。第二，判令本案诉讼费由被告承担。

【判决结果】

一审判决：

"律师说法" 案例集（8）

驳回原告马某诉讼请求。

原告马某不服一审判决，提起上诉。

二审判决：

驳回上诉人马某上诉，维持原判。

上诉人马某不服二审判决，申请再审。

再审裁定：

驳回再审申请人马某再审申请。

【律师解读】

为何有借条，有取款凭证，又有借款人收到100万元的签字证据，一审、二审、再审三级法院仍未认定双方存在100万元借贷关系？

一、案涉债权转让可能损害其他债权人的利益。案涉借款是200万元，出借人是胡某、周某两人，双方并未约定债权份额，周某仅转让其中100万元债权，未提供胡某对该债权转让行为的确认或追认证据。故，周某单方面转让债权的行为，可能构成对胡某债权部分的无权处分，损害胡某的权益。

二、案涉债权转让所涉基础事实真实性存疑。第一，本案虽有200万元借条，有周某取款100万元凭证，有喻某收到100万元的签字，但在喻某已去世，喻某法定继承人及喻某之弟亦均不认可双方存在真实的借款关系的情况下，周某未能详细说明该100万元的交付过程，亦未提交另外100万元的交付证据。第二，周某、周某之弟、胡某三人对100万元取款的细节陈述相互矛盾。第三，在此借款之前喻某及其作为股东的贵州某药业公司对周某负有2500万元的债务，已经法院判决生效进入执行阶段，尚未执行终结，周某、胡某再次向喻某出借200万元款项不符合常理。

基于以上原因，一审、二审、再审法院均未支持原告马某的主张。借款合同是实践性合同，自然人之间借款一定要注意两点，第一，借贷合意。有借条或微信等确认双方有借款的意思表示。第二，款项交付。银行转账要提供银行流水，现金交易要说明交付事实的细节，使法官形成现金交付完成的内心确认。

第二部分 刑事法篇

44. 涉嫌骗取贷款二十七亿，二审为何发回重审？

□ 韩英伟

【案情简介】

2018年7月2日，A公司以公司商区装修升级改造为由，以母公司所持有的 X 高速公路有限公司的 25% 股权作为质押物，将母公司及其实际控制人作为保证人，向 B 银行贷款二十七亿元。

A 公司在贷款前，母公司财务总监向 B 银行提供了 A 公司和母公司虚假的财务报表、审计报告及虚假的 X 高速公路公司 25% 股权的价值评估报告。B 银行贷款发放后，A 公司未按照合同约定用途履行，改变了资金用途。

卢某系 A 公司的挂名法定代表人，在 A 公司办理贷款过程中受母公司实际控制人指派在固定资产借款合同签字。

案发前，A 公司共计归还贷款本息三亿九千万元。

一审判决后，卢某家人多方咨询，二审委托韩英伟律师、李炎朋律师进行辩护。

【判决结果】

一审判决：

一、被告单位 A 公司犯骗取贷款罪，判处罚金人民币五百万元；

二、被告人卢某犯骗取贷款罪，判处有期徒刑六年，并处罚金人民币一百万元；

三、责令 A 公司退赔 B 银行人民币二十三亿元。

被告人卢某不服一审判决，提起上诉。

二审判决：

"律师说法" 案例集（8）

一、撤销一审某市某区人民法院作出的某号刑事判决；
二、发回原审法院重新审判。

【律师解读】

针对 A 公司涉嫌骗取贷款二十七亿的刑事案件，韩英伟律师和李炎朋律师作为公司挂名法定代表人卢某的二审辩护人，经过与团队李炎朋律师、侯蒙莎律师、岳广琛律师等认真研究案情，逐字逐句对案件材料排查，经过多次会见上诉人，全方位了解案情。整理非法证据排除申请书、调取证据申请书、申请证人出庭作证申请书、申请侦查人员出庭申请书、笔迹鉴定申请书、指纹鉴定申请书、质证意见、辩护意见等资料合计三百多页。重点从非法证据排除、原审判决认定事实错误等方面突破。

主要辩护观点如下：

一、侦查机关前期的侦查行为涉嫌程序违法，本案存在着大量非法证据应当予以排除，不符合刑事诉讼的要求

1. 第一次讯问时未告知上诉人卢某诉讼权利义务，包括未告知卢某有委托辩护人的权利，在讯问结束后才让卢某签署权利义务告知书，多数证人询问笔录中出现饥饿审讯（询问）、疲劳审讯（询问）、超长审讯（询问）的情形，属于非法方法收集的被告人供述与证人证言，应当依法予以排除。

2. 本案存在询问笔录的询问地点并非为证人所在的单位或住处，也并不是公安机关或人民检察院的情形。该笔录的形成地点为非法律规定的其他地点，且询问地点均设置在二楼及以上楼层，使证人处于酒店狭隘的空间内，心里害怕焦躁不安，难以保障其证人证言的真实性，非法律规定的场所询问属于非法证据，应当依法予以排除。

3. 在本案中，存在大量调取证据清单没有调查人员或侦查人员的签名的情形，根据最高人民法院关于适用《中华人民共和国刑事诉讼法》的解释第八十六条之规定，不得作为定案的根据应当依法予以排除。

4. 对某国际资产评估有限公司出具的《某市公安局执行资产诉讼涉诉的 X 高速公路有限公司股东部分权益市场价值追溯性资产评估报告书和某

市公安局执行资产诉讼涉诉的 X 高速公路有限公司 25% 股权市场价值资产评估报告书》存在鉴定过程和方法不符合相关专业的规范要求的情形，根据最高人民法院关于适用《中华人民共和国刑事诉讼法》的解释第九十八条第六款之规定：鉴定过程和方法不符合相关专业的规范要求的，不得作为定案的根据，应当依法予以排除。

5. 银行和评估机构对本案所起到的作用远远大于上诉人卢某，在相关责任人员均未被追究相应刑事责任的前提下，仅追究上诉人卢某的刑事责任明显不符合常理，也违背了法治的基本原则。

二、一审认定卢某作为被告单位的主管人员构成骗取贷款罪的证据严重不足，没有达到《中华人民共和国刑事诉讼法》第五十五条规定的"确实、充分"的标准，应当依法改判上诉人卢某无罪

1. 上诉人卢某本人并未篆刻任何法定代表人名章，也未授权任何人篆刻法定代表人名章，侦查机关所调取的提款暨支付委托申请书是他人伪造的。其中无卢某本人签名，名章也是伪造的并非卢某所篆刻的私章。

2. 刑法上的因果关系，实质上是认定行为人对结果是否有支配力，是否应当为结果承担责任的过程。具体到骗取贷款罪中的因果关系，就是看行为人的欺骗行为对其获得贷款是否具有支配力，也即行为人的欺骗行为是否使银行等金融机构陷入错误认识，并进而发放贷款。卢某程序性的职务行为不应当受到刑法评价，在本案中，无论是卢某抑或张某乃至马某在法定代表人一栏签字都不影响贷款程序的进行与发放。

3. 上诉人卢某与母公司实际控制人等人事前无共谋，事后无分赃，卢某并未参与策划、组织、实施单位犯罪行为。

4. 本案的主犯清晰但全部都没有到案，导致本案事实严重不清、证据严重不足。

5. 本案依据证人作出虚假陈述认定，借款合同和企业购销合同是卢某签字并加盖章的，与案件事实不相符，证人向办案机关所作出的虚假陈述不得作为定案依据使用。

6. 上诉人卢某并非被告单位直接负责的主管人员，不应为单位犯罪承担刑事责任。

"律师说法" 案例集（8）

最高人民法院于2001年1月21日发布的《全国法院审理金融犯罪案件工作座谈会纪要》（法〔2001〕8号）（以下简称《座谈会纪要》）第二条规定："直接负责的主管人员，是在单位实施的犯罪中起决定、批准、授意、纵容、指挥等作用的人员，一般是单位的主管负责人，包括法定代表人。"结合司法判例，实践中对"直接负责的主管人员"的认定应当注意把握以下认定标准：

（1）应是在单位中实际行使管理职权的负责人员。

（2）对单位具体犯罪行为负有主管责任，未参与策划、组织、实施单位犯罪行为的法定代表人，不能因单位犯罪而追究其刑事责任。

（3）因受蒙蔽不当履行工作职责，或者虽然知晓他人意图实施犯罪，但本人并未实际参与决定、批准、授意、纵容、指挥等重要工作，只是出于下级对上级的服从，受上级指派或者奉命完成本职工作的管理人员，因缺乏犯罪的故意或主动性，且其权限通常仅涉及程序性事项，难以对单位犯罪的最终决策产生实质影响，一般不宜认定为直接责任人员，以避免不当扩大打击范围。认定的关键在于该管理人员在单位犯罪中的参与程度、是否起到了《座谈会纪要》中所论及的"决定、批准、授意、纵容、指挥等"五种重要作用。如果没起到上述重要作用，即便该管理人员是单位的"一把手"、主要负责人，也不应对单位犯罪直接负责。

如果不是单位的管理人员，就谈不上主管人员，更谈不上直接负责的主管人员；如果与单位犯罪无直接关系，就不能说对单位犯罪负有直接责任。

三、本案属于民事纠纷，B银行想要追回贷款可以通过民事诉讼解决，不应当以刑事立案

党中央、国务院、最高人民法院、最高人民检察院和公安部均高度重视企业经营过程中的经济纠纷处理，强调通过诉讼手段解决经济纠纷，严格禁止办案机关借刑事立案插手经济纠纷。本案属于经济纠纷，不属于公安机关的立案管辖范围，也不符合党中央等一系列通知的精神。

最终，经过针锋相对、唇枪舌剑的辩论，公诉人当庭表示案情复杂且卷宗中的证据存在较多的瑕疵，同意辩护人意见，建议某市中院将本案发回重审。2023 年 11 月 20 日，某市中院采纳辩护人的意见，裁定将本案依法发回重审。

45. 组织跨境赌博，检察院为何不起诉？

□ 代现峰

【案情简介】

2020 年 5 月 27 日，臧某某因犯寻衅滋事、非法拘禁、强迫交易罪被某市中级人民法院判处有期徒刑五年，在监狱服刑。2021 年 9 月 26 日，臧某某因涉嫌组织参与国（境）外赌博罪被某县公安局移送看守所按漏罪审查起诉。

某县公安局移送起诉认定：2013 年 12 月 16 日至 2013 年 12 月 20 日、2014 年 1 月 4 日至 2014 年 1 月 7 日，臧某某为参赌人员购买机票，组织张家口商人赵某、郝某、马某某、杨某某、孟某某等人以旅游和买房的名义分两次去往 S 国赌场内进行赌博，并且臧某某在赌场内为参赌人员提供筹码，赌博结束后返回境内结算。赵某通过臧某某结算赌资及利息 177 万元，郝某通过臧某某结算赌资 65 万元，将其名下位于某市的住宅过户给郭某某用于顶账，马某某通过臧某某结算赌资 60 万元。臧某某组织商人赴 S 国赌博涉案资金 290 余万元，违法所得 309500 元。

【处理结果】

检察院依法对臧某某涉嫌组织参与国（境）外赌博罪作出不起诉决定。

【律师解读】

代现峰律师接受委托，为臧某某提供辩护。本案涉及涉黑和涉恶案件的深挖余罪、漏罪的专项办理，而《中华人民共和国刑事诉讼法》对漏罪

"律师说法"案例集（8）

的相关法律规定并不完善，使本案变得尤为复杂。除了事实、证据和程序问题，本案的焦点是刑法的溯及力及司法解释的条文冲突问题。

刑法的溯及力问题。《中华人民共和国刑法》（以下简称《刑法》）第十二条规定，对刑法的溯及力问题，适用从旧兼从轻原则，即按照行为发生时的法律规定处理，但如果现行的法律规定不认为是犯罪或者处罚较轻的，适用现行的法律规定。臧某某赴境外赌博的时间是2013年左右，当时《刑法》尚未规定组织参与国（境）外赌博罪，组织参与国（境）外赌博罪是《中华人民共和国刑法修正案（十一）》新增加的罪名，且该修正案自2021年3月1日起实施，依据刑法溯及力的原则，臧某某依法不构成组织参与国（境）外赌博罪。

司法解释的条文冲突问题。司法解释本身不涉及溯及力的问题，由于新的司法解释中有赴境外赌博的相关规定，公安机关因此立案侦查。2020年10月16日，最高人民法院、最高人民检察院、公安部制定了《办理跨境赌博犯罪案件若干问题的意见》，依据该意见第二条第五款规定，在境外赌场通过开设账户、洗码等方式，为中华人民共和国公民赴境外赌博提供资金担保服务的，以"开设赌场"论处。辩护律师发现，2005年5月13日，最高人民法院、最高人民检察院颁布的《最高人民法院、最高人民检察院关于办理赌博刑事案件具体应用法律若干问题的解释》第一条第四款规定，组织中华人民共和国公民10人以上赴境外赌博，从中收取回扣、介绍费的，属于刑法第三百零三条规定的赌博罪，而本案的境外赌博人数为6名。显然，旧的司法解释对当事人是有利的。辩护律师还发现，《办理跨境赌博犯罪案件若干问题的意见》的开篇指出"为依法惩治跨境赌博等犯罪活动，维护我国经济安全、社会稳定，根据《中华人民共和国刑法》《中华人民共和国刑事诉讼法》和《最高人民法院、最高人民检察院关于办理赌博刑事案件具体应用法律若干问题的解释》等有关规定，结合司法实践，制定本意见"，这充分说明《最高人民法院、最高人民检察院关于办理赌博刑事案件具体应用法律若干问题的解释》是《办理跨境赌博犯罪案件若干问题的意见》的上位法，本案应当适用《最高人民法院、最高人民检察院关于办理赌博刑事案件具体应用法律若干问题的解释》中的相关规定，当事人依法不构成犯罪。

综上所述，本案犯罪事实不清、证据不足、法律适用错误。经过辩护律师与检察机关的多次沟通，该意见被采纳，取得了对臧某某作出不起诉决定的最终结果，依法维护了当事人的合法权益。

46. 非法集资八百余万元，如何定罪量刑？

□ 张建武

【案情简介】

2018年11月至2020年9月间，谢某先后在某区某某路、某某路租借办公场所经营A公司，在没有取得相关金融资质的情况下，以年化19%至24%不等的高额投资回报为诱饵，与王某、黄某等30余名被害人签订《个人出借咨询与服务协议》和借条，共计集资人民币828万元（以下均为人民币）。谢某案发前已兑付被害人429万元，致使被害人集资款399万元不能返还。

2021年8月25日，谢某自动投案。

【判决结果】

一、被告人谢某犯非法吸收公众存款罪，判处有期徒刑四年，并处罚金人民币十万元；

二、责令被告人谢某退赔各集资参与人的经济损失。

【律师解读】

《中华人民共和国刑法》第一百九十二条规定：以非法占有为目的，使用诈骗方法非法集资，数额较大的，处三年以上七年以下有期徒刑，并处罚金；数额巨大或者有其他严重情节的，处七年以上有期徒刑或者无期徒刑，并处罚金或者没收财产。

"律师说法" 案例集（8）

单位犯前款罪的，对单位判处罚金，并对其直接负责的主管人员和其他直接责任人员，依照前款的规定处罚。

《中华人民共和国刑法》第一百七十六条规定：非法吸收公众存款或者变相吸收公众存款，扰乱金融秩序的，处三年以下有期徒刑或者拘役，并处或者单处罚金；数额巨大或者有其他严重情节的，处三年以上十年以下有期徒刑，并处罚金；数额特别巨大或者有其他特别严重情节的，处十年以上有期徒刑，并处罚金。

单位犯前款罪的，对单位判处罚金，并对其直接负责的主管人员和其他直接责任人员，依照前款的规定处罚。

有前两款行为，在提起公诉前积极退赃退赔，减少损害结果发生的，可以从轻或者减轻处罚。

本案中，谢某违反国家金融管理法律规定，非法吸收公众存款，数额巨大，扰乱金融秩序，其行为已构成非法吸收公众存款罪。

谢某于2018年10月成为A公司的法定代表人。从谢某的供述和相关司法鉴定意见所反映的资金走向等情况分析，谢某以A公司的名义非法集资828万元，其中用于生产经营活动的集资款300余万元，用于兑付投资人本息的集资款429万元，其余主要用于公司运营等开支。谢某最初非法吸收公众存款的目的为生产经营，且随后其也将超过非法吸收资金三分之一的金额实际投入到A公司及相关水泥护栏、荒山承包等生产经营项目中，故不存在用于生产经营活动的资金与筹集资金规模明显不成比例的情形，且并无证据证实谢某有肆意挥霍集资款等情形，故现有证据不足以认定谢某具有非法占有集资款的主观故意，应当以非法吸收公众存款罪对其定罪处罚。

谢某在集资过程中，没有使用诈骗方法集资，也不具有非法占有的主观故意。谢某所集资的款项主要用于投资和兑付投资人本息；谢某的行为不符合用于生产经营活动与筹集资金规模明显不成比例，致使集资款不能返还的情形。谢某的投资成本并不高，且有正常投资和盈利，故不应认定谢某犯集资诈骗罪，应认定谢某的行为构成非法吸收公众存款罪。

综上，法院以非法吸收公众存款罪定罪处罚。

47. 涉嫌开设赌场罪，为何不批准逮捕？

□ 曲衍桥

【案情简介】

2019年，路某某在澳门某赌场赌博期间，因营销人员表示办会员卡可以获得下午茶打折、房间免费的优惠，路某某办了会员卡。开卡后，路某某以为该会员卡只能现场使用，离开现场后再没用过，也没有再去过该赌场。

2023年5月，路某某因涉嫌开设赌场罪被公安机关刑事拘留。路某某家属委托北京市盈科律师事务所曲衍桥刑辩团队进行刑事辩护。

【处理结果】

北京市某区检察院对路某某作出不予批准逮捕决定。

【律师解读】

律师接受委托后，37天内会见嫌疑人5次，并在刑事拘留后3天内提交了《取保候审申请书》，在案件移送检察院审查批捕之后立即向检察院提交了《不予批捕法律意见书》，期间多次与办案民警、承办检察官沟通，最终案件取得了理想结果。

辩护人认为路某某符合不予批准逮捕的条件，主要从以下几个方面阐述：

一、路某某没有实施开设赌场的行为，不应予以逮捕

（一）客观上路某某没有实施开设赌场的行为。

路某某没有建立赌博网站，也没有组织他人赌博，没有为赌博网站担任代理，更没有组织、招揽过中国公民赴境外实体赌场赌博，亦没有利用信息网络、通讯终端等传输赌博视频、数据，没有组织中国公民参与跨境网络赌博，其行为不符合《刑法》规定的开设赌场的情形和行为特征。

（二）主观上路某某只是为了娱乐和消遣，没有犯罪故意。

在目的和动机上，路某某开会员卡只是为了自己娱乐和消遣，且参与时间较短，并不是以营利为目的的赌博，不构成犯罪。

（三）司法实践中以开设赌场罪处罚的不是单纯的赌博网站会员。

司法实践中，以开设赌场罪处罚的情形包括：建立赌博网站；从事赌博活动并发展下级代理、会员，接受会员投注；利用互联网进入赌博网站向上线购买筹码，纠集多人以网络形式赌博；明知他人从事赌博网站代理，仍从旁协助；为赌博网站投放广告赚取服务费；为赌博网站收购银行卡、网银 U 盾等为网络赌博平台收取赌资。并不包括路某某这种单纯的赌博网站会员情形。

（四）认定路某某构成开设赌场罪的事实不清、证据不足。

律师通过多次会见路某某，并与办案人员沟通，认为认定路某某构成开设赌场罪的事实不清，证据不足，不应予以逮捕。

二、对路某某采取取保候审不致发生社会危险性

（一）路某某无违法犯罪记录，一贯表现良好，有正式工作，对路某某取保候审不会影响对案件的侦查。

（二）路某某的母亲愿意成为保证人，承担一切保证责任。保证路某某在取保候审期间，严格遵守法律规定，履行《中华人民共和国刑事诉讼法》第七十一条规定的内容。

（三）路某某的行为不构成犯罪，即便构成犯罪，经传唤到案后，路某某如实供述自己的罪行，系自首，可以从轻处罚。同时，即便构成犯罪，犯罪情节也很轻微，在量刑上可能判处有期徒刑、拘役或者管制，并处罚金，因此采取取保候审不致发生社会危险性。

基于上述理由，辩护人认为路某某不符合《刑事诉讼法》规定的批准逮捕的条件，应当予以取保候审。检察院最终采纳了曲衍桥律师的意见，对路某某不予批准逮捕并成功取保候审，委托人对案件的结果很满意，并对律师的工作表达了高度的认可。

48. 业主委员会主任挪用资金，如何定罪量刑？

□ 袁方臣

【案情简介】

某小区业主委员会于 2014 年 6 月 10 日成立，组织机构代码（XXXX）。王某担任该委员会主任，任期为 2014 年 6 月 10 日至 2017 年 6 月 9 日。2015 年 3 月 6 日，王某以业主委员会的名义在中国银行开设对公账户，用于收取小区业主自行出资购买停车场相关设备的资金、运营维护费用、小区物业修缮费用以及商铺门面的租金。

2015 年 12 月 1 日至 8 日，王某在未经业主大会讨论和表决的情况下，私自将对公账户内的 44 万元分 9 次转至自己的银行账户。随后，王某将其中的 40 万元转账至贺某的账户，用于股权投资。王某将剩余的 4 万元借给业主委员会成员李某。直到 2016 年 5 月 20 日，王某才将 44 万元转回该对公账户。

【判决结果】

一审判决：

被告人王某犯挪用资金罪，判处有期徒刑九个月。

被告人王某不服一审判决，提起上诉。

二审裁定：

驳回上诉人王某的上诉，维持原判。

【律师解读】

《刑法》第二百七十二条规定："公司、企业或者其他单位的工作人员，利用职务上的便利，挪用本单位资金归个人使用或者借贷给他人，数额较大、超过三个月未还的，或者虽未超过三个月，但数额较大、进行营利活动的，或者进行非法活动的，处三年以下有期徒刑或者拘役；挪用本

"律师说法"案例集（8）

单位资金数额巨大的，处三年以上七年以下有期徒刑；数额特别巨大的，处七年以上有期徒刑。"本案中，业主委员会的主任能否构成挪用资金罪，关键在于业主委员会是否属于"其他单位"。

在《最高人民法院关于春雨花园业主委员会是否具有民事诉讼主体资格的复函》中，明确指出"业主委员会是业主大会的执行机构，根据业主大会的授权对外代表业主进行民事活动，所产生的法律后果由全体业主承担。业主委员会与他人发生民事争议的，可以作为被告参加诉讼。"该复函肯定了业主委员会的诉讼主体资格，属于《中华人民共和国民法典》（以下简称《民法典》）中的非法人组织，将其视为刑法中的"其他单位"并无不当。

《民法典》第二百八十条规定："业主大会或者业主委员会作出的决定侵害业主合法权益的，受侵害的业主可以请求人民法院予以撤销。"同理可得，当业主委员会作为被害单位时，也应当得到法律的救济，在其财产受到侵害时，将其认定为"其他单位"，有助于更好地维护业主委员会的合法权益。

本案中的业主委员会已获得市场监督管理局颁发的组织机构代码证，同时还开设了对公账户并拥有财产，符合单位的形式外观，将其认定为"其他单位"不会违背一般人的观念。

综上，王某作为业主委员会的主任，属于其他单位的工作人员，擅自挪用对公账户内的44万元归个人使用，用于营利活动或借贷给他人，数额较大，超过三个月未还，侵害了业主委员会的财产，应当以挪用资金罪定罪处刑。随着我国城镇化进程加快，小区逐渐成为普通大众生活的基本单元，业主委员会的作用愈发明显，业主委员会的工作人员应当恪尽职守，妥善管理业主委员会的相关财产，不得擅自挪用，否则可能触犯刑法，遭受牢狱之灾。

49. 醉酒后殴打辅警涉嫌妨害公务罪，为何判处缓刑？

□ 娄　静

【案情简介】

2022年6月30日晚，季某某在某市某区一居酒屋闹事，殴打周某某（已给予行政处罚）。店员报警，某市某区A派出所民警莫某某带领辅警陆某某、郑某某、谈某某出警。季某某处于醉酒状态，民警莫某某联系医院为季某某醒酒。醒酒期间，季某某情绪激动、举止失控，莫某某带领辅警约束季某某的双手并要求其保持距离，但是季某某不服约束，并挥拳打辅警陆某某的头部，踢踹辅警郑某某的大腿内侧以及辅警谈某某的左右小腿。

经鉴定，辅警陆某某轻微伤。季某某审判阶段委托北京市盈科律师事务所娄静律师为其辩护。

【判决结果】

被告人季某某犯妨害公务罪，判处拘役四个月，缓刑六个月。

【律师解读】

娄静律师通过会见当事人，认真阅卷和梳理证据材料，分析案情后，认为季某某虽构成妨害公务罪，但犯罪情节轻微，造成的损害后果小，主观恶意小，并且属于初犯、偶犯，季某某审查起诉阶段自愿认罪认罚。娄静律师认为应当作罪轻辩护，于是向某市某区人民法院提出如下辩护意见，法院予以采纳：

一、季某某犯罪情节轻微，造成的损害后果小

本案中，虽然季某某存在着妨害警察执行公务的行为，但是季某某处于严重醉酒状态，其挥拳和踢腿行为并不受意志控制，采用的暴力属于轻微暴力，社会危害性小，犯罪情节轻微。

此外，季某某的行为并未造成严重的损害后果。辅警陆某某的伤情经鉴定为轻微伤，辅警郑某某和辅警谈某某的伤情没有鉴定结果，且在此过程中没有任何财产损失。

二、季某某主观恶意小，没有犯罪故意

在案发期间，季某某处于醉酒状态，意识不清醒。在每次的讯问笔录中，季某某均叙述在案发时自己意识不清醒，不记得当晚的事情，且不知道警务人员在场。

妨害公务要求行为人在阻碍执法的过程中主观上存在犯罪故意，但季某某当时处于严重的醉酒状态，其辨识能力和控制能力均受到了一定的限制，此次冲突的发生是由于季某某严重醉酒后一时冲动，而非故意为之。因此，季某某主观恶意小，不存在犯罪故意。

三、季某某属于初犯、偶犯，人身危害性小

季某某在本案发生前一直遵纪守法，在其平时工作中作风优良，季某某在行政处罚阶段的询问笔录、第一次讯问笔录、第二次讯问笔录以及第三次讯问笔录均显示季某某从未有过违法犯罪行为，此次事件是醉酒后意识不清冲动所致，属于初犯、偶犯，社会危害性小，再犯可能性极低。

四、季某某自愿认罪认罚，归案后即如实供述犯罪行为

季某某归案后，如实全面地交代了自己的犯罪事实，积极配合公安机关的侦查工作，对其罪行供认不讳，从没有过翻供、阻碍刑事诉讼程序正常进行的行为，具有良好的悔罪表现，属于坦白，可以从轻处理。

根据《最高人民法院、最高人民检察院、公安部、国家安全部、司法部关于适用认罪认罚制度的指导意见》第九条，认罪认罚从宽幅度的把握，在刑罚评价上，主动认罪优于被动认罪，早认罪优于晚认罪，彻底认罪优于不彻底认罪，稳定认罪优于不稳定认罪。认罪认罚的从宽幅度应当大于仅有坦白的从宽幅度。对犯罪嫌疑人、被告人具有自首、坦白情节，同时认罪认罚的，应当在法定刑幅度内给予相对更大的从宽幅度。认罪认罚与坦白不作重复评价。对罪行较轻、人身危险性较小的，特别是初犯、

偶犯,从宽幅度可以大一些。

本案中,季某某在第一次讯问时即认罪认罚,主动、彻底且稳定认罪认罚,同时具有坦白情节,且为初犯、偶犯,应当在法定刑幅度内给予相对更大的从宽幅度。

五、建议对季某某适用缓刑

根据《中华人民共和国刑法》第七十二条,对于被判处三年以下有期徒刑的犯罪分子,同时符合下列条件的,可以宣告缓刑:(一)犯罪情节较轻;(二)有悔罪表现;(三)没有再犯罪的危险;(四)宣告缓刑对所居住社区没有重大不良影响。

根据《最高人民法院、最高人民检察院关于常见犯罪的量刑指导意见(试行)》的规定,构成妨害公务罪的,综合考虑妨害公务的手段、造成的人身伤害、财物的毁损及社会影响等犯罪事实、量刑情节,以及被告人的主观恶性、人身危险性、认罪悔罪表现等因素,决定缓刑的适用。

季某某犯罪情节轻微、有悔罪表现、积极认罪认罚、人身危险性小、没有再犯危险,辩护人建议对季某某适用缓刑。

最终,某市某区人民法院采纳了辩护人的全部意见,判处季某某拘役四个月,适用缓刑六个月。

50. 制作"黑客软件"获取人脸照片,如何定罪量刑?

□ 郭灿炎

【案情简介】

2020年6月至9月间,李某制作一款具有非法窃取安装者相册照片功能的手机"黑客软件",打包成安卓手机端的"APK安装包",发布于某论坛售卖,并伪装成"颜值检测"软件发布于某社区供访客免费下载。用户使用"颜值检测"软件时,"颜值检测"软件会自动在后台获取手机相册里的照片,并自动上传到被告人搭建的腾讯云服务器后台,从而窃取安

"律师说法"案例集（8）

装者相册照片共计 1751 张，其中部分照片含有人脸信息、自然人姓名、身份号码、联系方式、家庭住址等公民个人信息 100 余条。

2020 年 9 月，李某在该论坛看到"黑客资料"帖子，用其此前在暗网售卖"APK 安装包"部分所得购买、下载标题为"社工库资料"数据转存于"MEGA"网盘，经其本人查看，确认含有个人真实信息。2021 年 2 月，李某明知"社工库资料"中含有户籍信息、QQ 账号注册信息、京东账号注册信息、车主信息、借贷信息等，仍将网盘链接分享至其担任管理员的"XX 庄园业主交流"QQ 群，提供给群成员免费下载。经鉴定，"社工库资料"经去除无效数据并进行合并去重后，包含各类公民个人信息共计 8100 万余条。

【判决结果】

一、被告人李某犯侵犯公民个人信息罪，判处有期徒刑三年，宣告缓刑三年，并处罚金人民币一万元；

二、扣押在案的犯罪工具予以没收；

三、判决李某在国家级新闻媒体上对其侵犯公民个人信息的行为公开赔礼道歉、删除"颜值检测"软件及相关代码、删除腾讯云网盘上存储的涉案照片、删除存储在"MEGA"网盘上相关公民个人信息，并注销侵权所用 QQ 号码。

【律师解读】

一、本案行为属于刑法中"窃取或者以其他方法非法获取公民个人信息"的行为，依法应予以惩处

"人脸信息"具有明显的"可识别性"特征。《最高人民法院、最高人民检察院关于办理侵犯公民个人信息刑事案件适用法律若干问题的解释》（以下简称《解释》）中列举了公民个人信息种类，虽未对"人脸信息"单独列举，但允许依法在列举之外认定其他形式的个人信息。对公民个人信息的定义及明确列举与《民法典》等法律规定中有关公民个人信息的认定标准一致，即将"可识别性"作为个人信息的认定标准，强调信息

与信息主体之间被直接或间接识别出来的可能性。"人脸信息"属于生物识别信息，其具有不可更改性和唯一性，人脸与自然人个体一一对应，无需结合其他信息即可直接识别到特定自然人身份，具有极高的"可识别性"。

民事法律也将"人脸信息"纳入个人信息的保护范畴。《中华人民共和国民法典》第一千零三十四条规定了个人信息的定义和具体种类，《中华人民共和国个人信息保护法》明确将"人脸信息"纳入个人信息的保护范畴，侵犯"人脸信息"的行为构成侵犯自然人人格权益等侵权行为的，须承担相应的民事责任或行政、刑事责任。同时，《中华人民共和国网络安全法》规定，个人信息，是指以电子或者其他方式记录的能够单独或者与其他信息结合识别自然人个人身份的各种信息，包括但不限于自然人的个人生物识别信息等，人脸信息属于个人生物识别信息。所以，人脸识别信息的性质是被依法纳入隐私法范畴的个人敏感信息。

窃取"人脸信息"具有较大的社会危害性和刑事可罚性。因"人脸信息"是识别特定个人的敏感信息，极易被他人直接利用或制作合成，引发侵害隐私权、名誉权等违法行为，甚至盗窃、诈骗等犯罪行为，社会危害较大。

本案中，李某操纵由黑客软件伪装的"颜值检测"软件窃取用户自拍照片和手机相册中存储的照片，利用了互联网平台的开放性，以不特定公众为目标，手段隐蔽、欺骗性强、窃取面广，具有明显的社会危害性，需用刑法加以规制。

二、人脸识别技术的使用应当进行法律规制

近年来，人脸识别技术不断成熟，在生活中得到广泛应用，给公众生活带来便利的同时，也存在不规范使用的现象，给个人信息保护带来了挑战。因此，应在尊重人格权与隐私权、保护个人信息和维护公共利益的基础上，对人脸识别技术应用进行规制。在法律框架下，对人脸识别技术的使用应当遵循"必要性原则""比例原则""正当程序原则"，确保消费者知情且明确同意。

特别是 2023 年 8 月份，国家网络信息办公室公布《人脸识别技术应用安全管理规定（试行）（征求意见稿）》，并向社会公开征求意见，征求意见稿立足于人脸识别技术具体应用的安全管理，从保障个人权利、强化使用者责任、科学设定监管等层面对人脸识别技术使用和人脸信息的采集、使用、处理、储存等全流程做出了详细规定，为保护个人权益、维护公共利益指明了方向，具有十分重要的意义。征求意见稿确定了"最少使用""遵循自愿""最小储存"三大原则，确保了"科技向善"。

51. 王某聚众斗殴，检察院为何决定不起诉？

□ 温奕昕

【案情简介】

2023年元旦凌晨，因室友与人打架，王某接到消息跟朋友火速赶到某街道路口现场，看到几个人正在殴打其室友。王某很气愤，左手持手机录像拍照，右手把室友拉到身后，这时对方几个人见状直接把王某打倒在灌木丛中，然后将王某摁着打。王某被打后，回过头反击，形成乱打，打得很激烈，后路人报警案发。

公安机关出警后对参与斗殴人员刑事拘留，以聚众斗殴罪立案侦查，侦查完结后向人民检察院移送审查起诉。

【处理结果】

检察院对王某作出不起诉决定。

【律师解读】

酌定不起诉，又称相对不起诉或裁量不起诉，指对犯罪情节轻微，依照刑法规定不需要判处刑罚或者免除刑罚的情形，人民检察院可以作出不起诉决定。所谓酌定，是指法律规定的"可以"，即人民检察院对起诉与否享有自由裁量权，对符合条件的情形，既可以作出起诉决定，也可以作出不起诉决定。这是法律赋予检察机关重要的司法裁量权，体现了宽严相济的刑事政策，符合现代司法理念，能够充分发挥检察机关在审查起诉中的"过滤"作用，降低司法成本。聚众斗殴罪，是指为了报复他人、争霸一方或者其他不正当目的，纠集众人成帮结伙地进行殴斗，破坏公共秩序的行为。因此，聚众斗殴罪案件中，如果犯罪行为情节轻微，可以适用酌定不起诉，本案属于酌定不起诉。刑事辩护往往由三个环节组成。一是侦查环节，面对的是公安机关侦查人员；二是批捕和审查起诉环节，面对的是人民检察院检察官；三是审判环节，面对的是人民法院法官。其中第二个环节很关键，关系到批捕和起诉。若犯罪嫌疑人被批捕，案件一定会移送审查起诉，如果提起公诉，意味着案件移交审判，一旦交付审判，检察官往往会坚持指控被告人构罪，从而加大为辩护人作无罪辩护的困难。所以，对于罪与非罪的案件，辩护人抓住第二个环节极关键。若在此环节能够不批捕或不起诉，当事人的合法权益既能得到更好的保护，又能节省司法资源，实现事半功倍的效果。

在审查起诉阶段，温奕昕律师经过阅卷，全面分析在案证据，并向王某核实相关案情，及时向检察院递交详实、充分、严密的《不起诉辩护意见》。对应当定性为聚众斗殴罪不持异议，但王某的行为符合不起诉条件，可以对其作出不起诉决定。

第一，王某参与作用较小，非主要矛盾引发者，而是接到室友被打的消息后跟朋友赶过去的。王某不认识对方，更无私仇旧怨，王某并没有与对方斗殴的主观故意。第二，王某未持械、未使用工具，本案虽是11人参与打架，双方人员中均没有任何一人构成轻伤或者重伤，未造成严重社会后果。第三，对方召集几个社会闲散人员，主观上存斗殴之意，客观上行斗殴之实。王某出于抵御、脱身的目的进行还击，是面对不法侵害的本能反应，不能认定其构成聚众斗殴罪。王某的所谓"还手"，是被他人殴打之后的一种本能反应，是合理的防卫性的反击，是出于抵御、脱身的目的，并非出于聚众斗殴的故意。不能因客观上王某有还手行为，就认定其是聚众斗殴，在认定犯罪行为上应坚持主客观相统一原则，不能客观归罪。第四，在打架中，王某左胸被对方人咬了一口，经司法鉴定，王某所

"律师说法" 案例集（8）

受为轻微伤，王某也是本案的受害者。第五，王某没有因自身行为直接造成对方人员受伤，斗殴后双方人员共同签署《谅解书》，斗殴双方互不追究对方责任，互不要求赔偿。根据最高人民检察院、公安部《关于依法妥善办理轻伤害案件的指导意见》第三条第十一项，本案件充分适用刑事和解制度。"对轻伤害案件，符合刑事和解条件的，人民检察院、公安机关可以建议当事人进行和解……当事人双方达成和解并已实际履行的，应当依法从宽处理，符合不起诉条件的，应当作出不起诉决定。"第六，王某已经深刻认识到自己行为的违法性，并且真诚认罪、彻底悔改。《关于适用认罪认罚从宽制度的指导意见》第三十条规定："不起诉的适用。完善起诉裁量权，充分发挥不起诉的审前分流和过滤作用，逐步扩大相对不起诉在认罪认罚案件中的适用。对认罪认罚后没有争议，不需要判处刑罚的轻微刑事案件，人民检察院可以依法作出不起诉决定。"

在律师的见证下，王某签署《认罪认罚具结书》。同时，辩护人还向承办检察官提出申请召开听证会，检察机关邀请听证员、案件当事人、辩护人、相关办案人员和证人以及其他相关人员参加听证会，与会人员各自发表意见后同意不起诉。2023年3月底，检察院基于王某能够如实供述自己的罪行并自愿认罪认罚的事实，从惩罚与教育相结合的原则出发以及从有利于促进社会和谐的角度考虑，根据《中华人民共和国刑法》第三十七条规定不需要判处刑罚。依据《中华人民共和国刑事诉讼法》第一百七十七条第二款的规定，对于犯罪情节轻微，依照刑法规定不需要判处刑罚或者免除刑罚的，人民检察院可以作出不起诉决定，以及第二百八十条、第二百九十条的规定，决定对王某不起诉。

过去20年间，我国社会长期稳定，重罪案件占比持续下降，轻罪案件不断增多，现在80%以上都是轻罪案件。同时刑事案子85%以上的案件都适用认罪认罚从宽制度，这对律师是机遇，也是挑战。辩护律师要适应由对抗式到协商式、由法庭对抗到审前协商的转变，以及由主要说服法官到主要说服检察官的转变。只有这样才能提升辩护水平，进行有效辩护，才能提高国家法治水平，实现办案政治效果、法律效果和社会效果的统一，建设更和谐的平安中国。

52. 刷卡消费透支，为何构成信用卡诈骗罪？

□ 赵爱梅

【案情简介】

2018年12月至2019年12月间，李某持某银行信用卡在某市区多次刷卡消费，透支共计人民币342946元，经银行多次催收，超过三个月后李某仍拒绝还款。

2020年2月底，李某因改变住所、电话欠费停机而失联。银行向公安机关报警，李某在网吧使用身份证上网时被查获归案。

【判决结果】

一、被告人李某犯信用卡诈骗罪，判处有期徒刑一年六个月，罚金人民币三万元；

二、责令被告人李某退赔人民币342946元，发还某银行。

【律师解读】

《刑法》第一百九十六条规定，有下列情形之一，进行信用卡诈骗活动，数额较大的，处五年以下有期徒刑或者拘役，并处二万元以上二十万元以下罚金；数额巨大或者有其他严重情节的，处五年以上十年以下有期徒刑，并处五万元以上五十万元以下罚金；数额特别巨大或者有其他特别严重情节的，处十年以上有期徒刑或者无期徒刑，并处五万元以上五十万元以下罚金或者没收财产：（一）使用伪造的信用卡，或者使用以虚假的身份证明骗领的信用卡的；（二）使用作废的信用卡的；（三）冒用他人信用卡的；（四）恶意透支的。前款所称恶意透支，是指持卡人以非法占有为目的，超过规定限额或者规定期限透支，并且经发卡银行催收后仍不归还的行为。

《最高人民法院、最高人民检察院关于办理妨害信用卡管理刑事案件

"律师说法" 案例集(8)

具体应用法律若干问题的解释》（以下简称《解释》）第六条规定，持卡人以非法占有为目的，超过规定限额或者规定期限透支，经发卡银行两次有效催收后超过三个月仍不归还的，应当认定为刑法第一百九十六条规定的"恶意透支"。

对于是否以非法占有为目的，应当综合持卡人信用记录、还款能力和意愿、申领和透支信用卡的状况、透支资金的用途、透支后的表现、未按规定还款的原因等情节作出判断。不得单纯依据持卡人未按规定还款的事实认定非法占有目的。

具有以下情形之一的，应当认定为刑法第一百九十六条第二款规定的"以非法占有为目的"，但有证据证明持卡人确实不具有非法占有目的的除外：

（一）明知没有还款能力而大量透支，无法归还的；
（二）使用虚假资信证明申领信用卡后透支，无法归还的；
（三）透支后通过逃匿、改变联系方式等手段，逃避银行催收的；
（四）抽逃、转移资金，隐匿财产，逃避还款的；
（五）使用透支的资金进行犯罪活动的；
（六）其他非法占有资金，拒不归还的情形。

《解释》第八条规定，恶意透支，数额在五万元以上不满五十万元的，应当认定为刑法第一百九十六条规定的"数额较大"；数额在五十万元以上不满五百万元的，应当认定为刑法第一百九十六条规定的"数额巨大"；数额在五百万元以上的，应当认定为刑法第一百九十六条规定的"数额特别巨大"。

根据法律规定，构成恶意透支构成信用卡诈骗罪须具备两个条件：第一，行为人主观"以非法占有为目的"；第二，行为人实施了超过规定限额或者规定期限透支，并且经发卡银行两次催收后超过三个月仍不归还的行为。以上两个条件缺一不可。

李某变更居住地址、变更联系电话等逃避催收的行为，以及在一审判决前未归还任何透支款，没有还款能力，构成恶意透支型的信用卡诈骗罪。综上，法院作出上述判决。

53. 熊某参加黑社会性质组织罪，为何被撤销？

□ 韩英伟

【案情简介】

2006年下半年至2009年5月期间，王某、韦某为首，组织、领导郭某、盛某、熊某、李某、唐某、赵某等人，采取经济利益笼络控制的方式，有组织地多次进行违法犯罪活动，其中王某、韦某在某区某街道某村及某区某镇某居委非法开设小煤窑。

王某、韦某在非法开设小煤窑时有明确的分工，由王某负责外部关系的协调、煤炭销售以及非法收入的支配等，韦某负责小煤窑的生产工作、挖煤工作的管理等，盛某、熊某、梁某、赵某、张某等人负责煤炭的押运及"望风"工作，郭某、李某等人充当打手。该黑社会性质组织以非法小煤窑的生产和销售得来的赃款为经济基础，从事了一系列违法犯罪活动。

熊某主要参与的犯罪事实如下：

2008年4月12日晚，某市某区某街道某村某组村民贾某因王某、韦某非法开设的小煤窑占用其林地，贾某找其索赔，王某、熊某等人即对贾某进行殴打。

2008年下半年的一天，某市某区某街道某村村民郑某，因王某、韦某非法开设的小煤窑占其山林，到王某办酒席的某大酒店找王某索要赔偿费，王某和熊某等人对郑某进行殴打。

2009年5月17日下午，王某、韦某以被害人鲜某和其驾驶员龙某盗窃小煤窑货场的煤炭为由，邀约郭某、李某、盛某、梁某、张某、熊某等人对鲜某、龙某二人进行威胁、殴打后，敲诈勒索人民币108000元。

2011年4月20日，某人民法院以熊某犯参加黑社会性质组织罪，判处有期徒刑六个月；犯敲诈勒索罪，判处有期徒刑一年六个月，决定执行有期徒刑一年八个月。熊某刑满释放后申请再审申诉，经某人民法院院长提交审判委员会讨论，认为该案属于适用法律确有错误，决定再审。

2014年7月7日，某人民法院依法作出再审决定书，决定另行组成合议庭进行再审，并于 2015 年 2 月 27 日审理了本案。

【判决结果】

一、撤销某市某区人民法院刑事判决；
二、原审被告人熊某犯敲诈勒索罪，判处有期徒刑一年六个月。

【律师解读】

根据全国人民代表大会常务委员会关于《刑法》第二百九十四条第一款的解释，"黑社会性质组织"应当同时具备四个特征：一是组织特征，即形成较稳定的犯罪组织，人数较多，有明确的组织者、领导者，骨干成员基本固定。二是经济特征，即有组织地通过违法犯罪活动或者其他手段获取经济利益，具有一定的经济实力，以支持该组织的活动。三是行为特征，即以暴力、威胁或者其他手段，有组织地多次进行违法犯罪活动，为非作恶，欺压、残害百姓。四是非法控制特征，即危害性特征，即通过实施违法犯罪活动，或者利用国家工作人员的包庇或者纵容，称霸一方，在一定区域或者行业内，形成非法控制或者重大影响，严重破坏经济、社会生活秩序。

再审查明的事实与原审判决认定的事实基本一致，但是该事实和行为不符合"组织、领导、参加黑社会性质组织罪"中的非法控制特征，即危害性特征。所以，熊某受王某、韦某邀约参加的违法犯罪活动，均是王某、韦某为了自己所非法开设的小煤窑的经济利益而实施的，既没有在一定区域或者行业内形成非法控制，也没有造成重大影响。故原审判决熊某犯参加黑社会性质组织罪，属定性、适用法律错误，应当依法予以纠正。

《刑法》第二百七十四条规定，敲诈勒索公私财物，数额较大或者多次敲诈勒索的，构成敲诈勒索罪。熊某受同案人王某等人的邀约以非法占有为目的，伙同他人，采取暴力和威胁手段，勒索他人财物计人民币 108000 元，数额巨大，其行为已构成敲诈勒索罪。

综上，法院以再审判决的方式作出上述判决。

54. 酒后多次脚踹警察，法院如何定罪量刑？

□ 侯晓宇

【案情简介】

2020年9月5日，L市N区一酒吧内有A、B两名男子酒后闹事殴打店内人员并将店门破坏。后L市公安局N区分局民警岳某、王某带领辅警张某、赵某到达现场，出示警官证后对A、B二人进行口头传唤，A、B借醉酒谩骂出警人员，后出警人员将A、B二人强制带离。

带离过程中A反应过激拒不配合民警执法活动，后在警车行驶过程中A在后排座椅上多次用脚踹向前排副驾驶的民警王某。

【判决结果】

A犯妨害公务罪，判处有期徒刑六个月。

【律师解读】

A在后排多次脚踹民警的行为不仅侵害了民警的人身权益，更是对正常社会秩序的破坏，从根本上损害的是国家法律尊严和权威。《中华人民共和国刑法》第二百七十七条规定，以暴力、威胁方法阻碍国家机关工作人员依法执行职务的，处三年以下有期徒刑、拘役、管制或者罚金。

以暴力、威胁方法阻碍全国人民代表大会和地方各级人民代表大会代表依法执行代表职务的，依照前款的规定处罚。

在自然灾害和突发事件中，以暴力、威胁方法阻碍红十字会工作人员依法履行职责的，依照第一款的规定处罚。

故意阻碍国家安全机关、公安机关依法执行国家安全工作任务，未使用暴力、威胁方法，造成严重后果的，依照第一款的规定处罚。

暴力袭击正在依法执行职务的人民警察的，处三年以下有期徒刑、拘役或者管制；使用枪支、管制刀具，或者以驾驶机动车撞击等手段，严重危及其人身安全的，处三年以上七年以下有期徒刑。

人民警察是维护国家安全稳定的重要力量，警察代表国家行使执法权，肩负着捍卫国家政治安全、维护社会安定、保障人民安宁的职责使命。因此对袭击警察的行为依法从重处罚，有利于维护警察执法权威、维护国家的法治威严，从而维护社会秩序和公共利益。

让我们共同努力守护法治的篝火，弘扬社会主义法治精神，引导全体人民尊重和遵守法律、有问题依靠法律来解决，形成尊法学法守法用法的良好社会氛围，让法治之光照耀每一个角落，我们相信法治必将引领我们走向光明的未来，为实现中华民族伟大复兴的中国梦增添强劲动力！

55. 康某交通肇事致人死亡，检察院为何不起诉？

□ 李炎朋

【案情简介】

2021年3月27日19时许，康某驾驶小型普通客车在某市甲区N路与M路交叉口南30米处由西向东斜穿道路时，撞到了路过的行人赵某，造成赵某受伤后抢救无效死亡。事故发生后康某主动拨打110报警和120抢救电话。2021年4月2日经某省司法鉴定中心鉴定赵某的损伤具有道路损伤特征，符合因颅脑损伤死亡。

2021年4月29日，某市公安局甲区分局交通警察大队出具道路交通事故认定书，认定康某负事故的主要责任，赵某负事故的次要责任。

【处理结果】

甲区人民检察院依法对康某作出不起诉决定。

【律师解读】

事故发生后，康某主动拨打了报警和抢救电话，积极主动抢救伤者并在原地等待，配合公安机关的调查，具有自首情节，李炎朋律师在担任康某辩护人伊始努力斡旋，使康某尽最大努力弥补了受害人赵某近亲属的损失，促使康某与受害人赵某近亲属就民事赔偿达成协议，获得了受害人近亲属的谅解。

《中华人民共和国刑法》第一百三十三条规定，违反交通运输管理法规，因而发生重大事故，致人重伤、死亡或者使公私财产遭受重大损失的，处三年以下有期徒刑或者拘役；交通运输肇事后逃逸或者有其他特别恶劣情节的，处三年以上七年以下有期徒刑；因逃逸致人死亡的，处七年以上有期徒刑。

康某虽然实施了触犯《中华人民共和国刑法》第一百三十三条规定的行为，但犯罪情节轻微，具有自首、认罪认罚情节，无前科劣迹。在案发后能够真诚悔过积极赔偿，并获得了受害人赵某近亲属的谅解，根据《中华人民共和国刑法》第三十七条规定，对于犯罪情节轻微不需要判处刑罚的，可以免予刑事处罚，但是可以根据案件的不同情况，予以训诫或者责令具结悔过、赔礼道歉、赔偿损失，或者由主管部门予以行政处罚或者行政处分。《中华人民共和国刑事诉讼法》第一百七十七条规定，对于犯罪情节轻微，依照刑法规定不需要判处刑罚或者免除刑罚的，人民检察院可以作出不起诉决定。综上，甲区人民检察院依法对康某作出不起诉决定。

人让车，让出一份秩序；车让人，让出一份安全。日常生活中只有人车互相谦让，才能尽可能地避免交通事故的发生，安全是健康与财富的保障，为了家庭的幸福、社会的安定，请自觉遵守交通法规，共同营造一个讲交通安全，守交通法规的良好社会主义法治氛围，一起走向更美好的明天！

"律师说法" 案例集（8）

56. 公安局原副局长黄某，为何构成包庇、纵容黑社会性质组织罪？

□ 韩英伟

【案情简介】

2007年至2013年间，在A镇及其周边区域逐渐形成了以庞某为组织者、领导者的黑社会性质组织。庞某及其黑社会性质组织为了树立非法权威，多次阻挠公安民警的正常执法，殴打公安民警，挑衅司法权威。

2014年5月，甲县公安局A派出所民警雷某、卜某带领辅警程某等人在A镇巡逻时，发现周某有吸毒嫌疑，依法对其进行盘查，周某拒绝配合民警盘查并驾车逃离现场。当公安民警卜某、程某等人追至A镇辖区庞某家的木板厂时，遭到庞某、周某等人持刀、铁水管等凶器追打，致使程某受伤，卜某等人无法执行公务而被迫撤离。事发后，分管A派出所的甲县公安局原副局长黄某在明知庞某、周某等人实施了上述妨害公务行为后，没有作出任何指示，使得周某等人因此长时间没有被公安机关立案侦查或追究法律责任。该案直到2019年5月20日才被立案查处。

2015年3月，甲县公安局A派出所所长刘某带领辅警李某、于某等人在A街小巷口巡逻时，发现有群众利用扑克牌在进行赌博。当公安民警上前抓捕聚众赌博人员时，遭到坐庄聚众赌博人员周某等人阻挠和殴打，刘某、于某被殴打，其所控制的赌徒亦被抢走，刘某等人无法执行公务而被迫撤离。事发后，刘某第一时间将此事向黄某进行汇报，黄某在明知周某等人实施上述妨害公务行为后，没有作出任何指示，使得周某等人因此长时间没有被公安机关立案侦查或追究法律责任。该案直到2019年5月20日才被立案查处。

2015年6月的一天，甲县公安局禁毒大队民警贾某等人在A镇依法将贩毒嫌疑人赵某抓获后，遭到途经现场的庞某、周某等人的阻挠和踢打，致使民警贾某受伤，贩毒嫌疑人赵某趁机逃脱。事发后，刘某将此事向黄某进行汇报，黄某表示这属于禁毒大队的案件，禁毒大队自然会处理，没有再作出任何指示，使得庞某周某等人因此长时间没有被公安机关立案查处或追究法律责任。该案直到 2018 年 9 月 18 日才被立案查处。

2020 年 12 月 8 日，黄某因涉嫌犯受贿罪被 B 县监察委员会留置。2021 年 2 月 3 日，黄某因涉嫌犯包庇、纵容黑社会性质组织罪、受贿罪，被 B 县公安局刑事拘留。

【判决结果】

一、被告人黄某犯包庇、纵容黑社会性质组织罪，判处有期徒刑六年三个月；犯受贿罪，判处有期徒刑五年，并处罚金人民币三十万元；决定执行有期徒刑十年六个月，并处罚金人民币三十万元；

二、被告人黄某退出的受贿违法所得人民币二十一万三千元，依法予以没收，上缴国库；

三、对被告人黄某未退的受贿违法所得人民币一百三十一万九千元继续追缴，予以没收并上缴国库。

【律师解读】

本案的焦点在于包庇、纵容黑社会性质组织罪与徇私枉法罪的区分。《刑法》第二百九十四条第三款规定，国家机关工作人员包庇黑社会性质的组织，或者纵容黑社会性质的组织进行违法犯罪活动的，处五年以下有期徒刑；情节严重的，处五年以上有期徒刑。第三百九十九条规定，司法工作人员徇私枉法、徇情枉法，对明知是无罪的人而使他受追诉、对明知是有罪的人而故意包庇不使他受追诉，或者在刑事审判活动中故意违背事实和法律作枉法裁判的，处五年以下有期徒刑或者拘役；情节严重的，处五年以上十年以下有期徒刑；情节特别严重的，处十年以上有期徒刑。

包庇、纵容黑社会性质组织罪与徇私枉法罪的区别主要是以下三点：首先，犯罪的主体不同，包庇、纵容黑社会性质组织罪的主体内涵更加广泛，其主体是指国家机关工作人员，而徇私枉法罪的主体则是司法机关工作人员。其次，主观方面有所不同，包庇、纵容黑社会性质组织罪的主观方面是保护黑社会性质组织进行违法犯罪活动,而徇私枉法罪的主观方面既有可能是帮助犯罪分子逃避其应当受到的处罚,也有可能是栽赃陷害,让其受到不应当承担的刑事责任。最后,客观方面也有所不同,包庇、纵容黑社会性质组织罪一般是包庇黑社会性质组织,隐瞒组织的违法犯罪活动或者作伪证、纵容犯罪等,但是徇私枉法罪的客观方面一般是帮助犯罪分子逃避司法追究,或者让无罪的人通过栽赃陷害而承担不应当承担的法律责任。

2007年至2017年间,黄某担任甲县公安局党委委员、副局长,先后分管该黑社会性质组织盘踞区域派出所以及治安管理大队等部门。在明知以庞某为首的犯罪组织多次故意妨害甲县公安局民警执法的行为可能涉嫌犯罪的情况下,没有依法履行职责,对该组织成员涉嫌的违法犯罪行为不予查处,对该组织及庞某等人予以包庇、纵容,致使该黑社会性质组织涉嫌犯罪后长期没有被追究法律责任。以庞某为组织者、领导者的黑社会性质组织的相关人员周某等人于2020年底被判处相应的刑罚,且已发生法律效力。

综上,法院根据黄某犯罪的事实、犯罪的性质、情节及对社会的危害程度,以黄某犯包庇、纵容黑社会性质组织罪追究其刑事责任。

57. 涉嫌非法采矿罪、非法占用农用地罪,检察院为何决定不起诉?

□ 宋庆珍

【案情简介】

2019年5月5日,某自然资源局在巡查时发现A公司煤矿越界开采煤炭,当场扣押其矿产品3999吨。某自然资源局随即委托某公司对A公司煤矿越界开采的面积和资源量进行鉴定,鉴定面积为1116.57平方米,资源量为4209.47吨。

2020年7月16日,某草原局在工作中发现A公司未经审批进行矿藏开采行为。某草原局委托甲测绘有限公司测绘，鉴定意见为 A 公司在没有相关土地审批手续的情况下，擅自占用土地 399.7905 亩。2020 年 7 月 19 日，A 公司因涉嫌非法占用农用地案由某旗公安局立案侦查。2020 年 8 月 20 日，该案由某市公安局指定公安局管辖；2020 年 12 月 12 日，该案移送某旗人民检察院审查起诉。2021 年 1 月 26 日，侦查机关聘请乙测绘公司对 A 公司煤矿矿界外动土范围进行勘测定界，勘测结论为：经实地勘测总面积为 885.25 亩，其中矿界外动土总面积 75.50 亩（占天然牧草地 60.58 亩；灌木林地 14.92 亩）。2021 年 4 月 18 日，某旗人民检察院以"事实不清、证据不足"为由将此案发回某旗公安局补充侦查。

2021 年 6 月 28 日，公安局以 A 公司涉嫌非法采矿、非法占用农地罪移送法院审查起诉。2021 年 7 月 28 日，法院退回公安局补充侦查，2021 年 8 月 27 日，公安局补查重报。

A 公司委托北京市盈科律师事务所律师宋庆珍代理此案。

【判决结果】

检察院依法对 A 公司涉嫌非法采矿罪、非法占用农地罪分别作出不起诉决定。

【律师解读】

一、为何对 A 公司非法占用农地罪不予起诉？

（一）起诉意见书称 A 公司多年多次占地动土的依据不足。

侦查机关在起诉意见书中分别列明了 A 公司占地动土的年份，根据《刑事诉讼法》第五十条规定，自诉案件中被告人有罪的举证责任由自诉人承担。但是 A 公司具体哪一年破坏农用地，侦查机关依据的卫星遥感影像与 A 公司获取的卫星遥感影像不一致。在侦查机关出示的证据中，无法清晰地显示 A 公司占地动土的具体年份，故无法证明 A 公司非法占地的事实。

（二）A 公司不具有非法占用农用地罪的主观故意。

A 公司煤矿非法剥离的 20 多亩土地是在林业局审批和未审批土地的边

缘，在工程机械在剥离作业的时候不小心剥离土层的情形，A公司不具备非法占用农用地的主观故意。

对于某草原局《关于A公司煤矿用地情况的说明》，按照以往的林草重叠部分处理方式，林草重叠以林为主，草原不作处理。A公司于2007年、2011年均获得了临时占用林地的审批，而煤矿从2012年起至2016年又处于停产状态，可见A公司不具有非法占用农用地的主观意愿。根据《呼伦贝尔市违法占用草原项目清理整顿和植被恢复整改工作方案》的规定，对已经停产停业不再经营的项目"由旗人民政府有关部门登记造册……发布限期拆除非法建筑和恢复草原植被公告。业主限期自行拆除违法建筑物并恢复草原植被"。在A公司停产期间，如果认定其有非法占用草原的行为，相关部门理应限期整治，然而事实与此相反。且A公司积极缴纳复垦金，为开采区的植被恢复做好分内之事，勇于承担作为企业的社会责任。

由上可见，A公司不具有非法占用农用地的主观故意。

（三）非法剥离的土地属性不明。

2021年1月20日，某草原局出具的《情况说明》，"认定草原的依据为国土二调出具，未发放草原权属证书"，导致涉案土地属性不明，难以认定未经草原行政主管部门审批进行矿藏开采的行为是非法占用农用地的行为。

（四）A公司涉嫌非法占用农用地罪的事实不清，证据不足。

2008年6月至2012年12月，违法占地被行政处罚地块的坐标尚未调取到，证明A公司越界占用农用地的具体时间和具体范围不清楚，证明A公司涉嫌非法占用农用地罪的事实不清，证据不足。

（五）鉴定报告并没有植被破坏程度的相关鉴定。

根据某煤局批准文件，A公司煤矿改扩建项目拟使用某村的天然草原600.2745亩为非基本草原，且草原补偿款已全部补偿到位，原则上同意该项目使用草原。2020年8月25日，《征用使用草原审核同意书》同意使用某村的天然草原600.2745亩。测绘有限公司做出的鉴定报告，并没有植被破坏程度的相关鉴定，难以证明剥离行为所造成的植被损害程度。

涉案土地一是可以用于煤炭开采的土地，二是对植被的损害程度较低，能够满足复垦规划的要求，达不到刑事入罪的程度。

二、为何对 A 公司涉嫌非法采矿罪作出不予起诉决定？

（一）A 公司不具有非法采矿的主观故意。

A 公司具有合法颁发的采矿证，采矿许可证的有效期限是从 2007 年到 2027 年，A 公司的煤矿开采行为一直是在有限采矿期内进行的。

根据张某 1 的证言："2012 年我到煤矿测土方时，发现煤矿对井田东南部公共井田存在剥离的现象，大概多少亩我记不清楚了，当时只有我自己知道煤矿存在越界的行为……未向任何人说起越界开采的事情"；根据张某 2 的证言："2019 年春季，土地剥离的工程整体承包给了武某，因为武某的土方剥离施工队为了节省运输成本，需要将原来的道路拓宽，当时武某施工的时候也没有向煤矿汇报过，我们也不管施工队的施工情况"。可知 A 公司对于越界剥离开采的情况并不知情，不具备非法采矿的主观故意。

（二）行政处罚文件未对越界开采的煤层有记载。

《A 公司某煤矿非法采矿造成矿产资源破坏资源量的调查报告》中两个处罚文件，未对越界开采的煤层边界有任何记录。对处罚范围的资源量无法重新计算，无法取得准确的计算依据，因原煤自燃的相关情况在早期的资料中未见到记录，时隔近 10 年，原处罚范围内的采矿痕迹已不复存在，越界范围无法查明。

（三）剥离的原煤属低质原煤，价格无法认定。

被剥离原煤当时的价格无法认定，无法核实造成的矿产资源价值损失事实，无法确定涉案原煤价值是否达到刑法入罪所要求的"情节严重"的标准。根据《最高人民法院、最高人民检察院关于办理非法采矿、破坏性采矿刑事案件适用法律若干问题的解释》第三条第二款关于非法采矿罪"情节严重"的规定，本案所剥离的原煤在认定为"情节严重"上存疑。

综上，法院采纳律师意见，将本案退回检察院，检察院依法对 A 公司涉嫌非法采矿罪、非法占用农地罪分别作出不起诉决定。

58. 未认真审核涉黑案件罪犯减刑材料，为何构成玩忽职守罪？

□ 赵爱梅

【案情简介】

李某，原系某监狱六监区监区长（正科级）。李某在担任监区长期间，于2019年4月、2020年4月在审核罪犯减刑工作中，严重不负责任，未认真审核涉黑案件罪犯武某减刑材料中的原办案单位征求意见函的真实性，致使加盖有伪造办案单位公章的征求意见函被监狱采用，并作为武某减刑的重要材料呈报给某市中级人民法院，某市中级人民法院据此征求意见函分别于2019年6月、2020年6月对罪犯武某减刑两次，共计三年八个月。2021年9月，经某市人民检察院建议，某市中级人民法院撤销了对武某的减刑裁定。

2021年10月18日，李某因涉嫌玩忽职守罪被刑事拘留，同年10月20日被取保候审，2022年11月18日被执行逮捕，现羁押于某区看守所。

【处理结果】

被告人李某犯玩忽职守罪，判处有期徒刑一年。

【律师解读】

《中华人民共和国刑法》第六十七条规定，犯罪以后自动投案，如实供述自己的罪行的，是自首。对于自首的犯罪分子，可以从轻或者减轻处罚。其中，犯罪较轻的，可以免除处罚。被采取强制措施的犯罪嫌疑人、被告人和正在服刑的罪犯，如实供述司法机关还未掌握的本人其他罪行的，以自首论。犯罪嫌疑人虽不具有前两款规定的自首情节，但是如实供述自己罪行的，可以从轻处罚；因其如实供述自己罪行，避免特别严重后果发生的,可以减轻处罚。

《中华人民共和国刑法》第三百九十七条第一款规定,国家机关工作人员滥用职权或者玩忽职守,致使公共财产、国家和人民利益遭受重大损失的,处三年以下有期徒刑或者拘役;情节特别严重的,处三年以上七年以下有期徒刑。

李某身为国家机关工作人员,对其来说,权力就是责任,责任就要担当,必须依法行使权力、履行职责,不得懈怠、推诿。李某工作中严重不负责任,未认真审核涉黑案件罪犯的减刑材料的真实性,使加盖有伪造公章的征求意见函被采用,致使不该减刑的罪犯被减刑,严重损害国家声誉,造成恶劣社会影响,其行为构成玩忽职守罪。公诉机关指控罪名成立,应予惩处。法院依法作出判决。

59. 截留合法经营收入不入账,为何构成私分国有资产罪?

□ 岳广琛

【案情简介】

2000年12月,A省粮食储备库(以下简称"某粮库")进行企业国有资产产权的登记,取得中华人民共和国企业国有资产产权登记证。2003年4月,B市粮食局聘任杨某为某粮库主任。

2017年6月至2021年8月,杨某在任A省B市某粮库法定代表人、主任期间,利用职务便利为王某、谭某、郑某等九人在承揽项目、粮食购销方面提供帮助,先后收受贿赂共计人民币13万元。

其中,2016年8月收受王某贿赂人民币1万元;2018年4月收受谭某贿赂人民币4万元;2018年至2020年收受郑某贿赂人民币2.2万元;2018年收受杨某贿赂人民币0.8万元;2018年至2021年期间收受王某贿赂人民币1.4万元;2019年收受赵某贿赂人民币0.5万元;2019年7月收受王某贿赂人民币0.4万元;2020年至2022年期间收受周某贿赂人民币

"律师说法" 案例集（8）

1.2万元；2021年8月收受浦某贿赂人民币1.5万元。

2016年起，某粮库在时任法定代表人、主任杨某的安排下，违反国家规定，采取收入不入账的方式，隐匿国有资产在经营过程中产生的收益人民币215万余元，存入魏某私人银行卡以逃避监管。杨某负责对上述资金的使用进行决策、支配，魏某负责收支、记账、保管。

2017年7月至2019年12月，杨某授意魏某，将上述资金以单位名义多次私分给某粮库全体职工，共计人民币307134元。其中，杨某分得人民币29660元，魏某分得人民币22560元。

2022年1月21日，杨某被A省C市监察委采取留置措施。2021年12月20日，魏某被A省C市监察委采取留置措施。2022年8月2日，A省C市人民检察院以杨某犯受贿罪、私分国有资产罪和魏某犯私分国有资产罪提起公诉。

【判决结果】

一、被告人杨某犯受贿罪，判处有期徒刑一年，并处罚金人民币十万元；被告人杨某犯私分国有资产罪，判处有期徒刑八个月，并处罚金人民币二万元。数罪并罚，决定执行有期徒刑一年六个月，缓刑二年，并处罚金人民币十二万元；

二、被告人魏某犯私分国有资产罪，判处有期徒刑八个月，缓刑一年，并处罚金人民币二万元；

三、扣押并移送在案的人民币赃款182220元，其中人民币52220元依法返还给A省B市某省粮食储备库，剩余人民币130000元依法予以没收；

四、扣押在案的手机三部，依法发还给被告人杨某、魏某。

【律师解读】

一、杨某为何构成受贿罪？

《中华人民共和国刑法》第三百八十五条第一款规定，国家工作人员利用职务上的便利，索取他人财物的，或者非法收受他人财物，为他人谋取利益的，是受贿罪。《中华人民共和国刑法》第九十三条规定，本法所称国家工作人员,是指国家机关中从事公务的人员。国有公司、企业、事业单位、人民团体中从事公务的人员和国家机关、国有公司、企业、事业单位委派到非国有公司、企业、事业单位、社会团体从事公务的人员,以及其他依照法律从事公务的人员,以国家工作人员论。

某粮库已进行企业国有资产产权的登记,取得中华人民共和国企业国有资产产权登记证。杨某在担任A省B市某粮库主任期间,系国家工作人员,利用职务上的便利,非法收受他人财物,为他人谋取利益,数额较大,其行为构成受贿罪。

二、杨某、魏某为何构成私分国有资产罪?

《中华人民共和国刑法》第三百九十六条规定,国家机关、国有公司、企业、事业单位、人民团体,违反国家规定,以单位名义将国有资产集体私分给个人,数额较大的,对其直接负责的主管人员和其他直接责任人员,处三年以下有期徒刑或者拘役,并处或者单处罚金;数额巨大的,处三年以上七年以下有期徒刑,并处罚金。

A省B市某粮库违反国家规定,通过截留合法经营收入不入账的方式,以单位名义将国有资产集体私分给单位员工,杨某在此期间担任某粮库的主任,是直接负责的主管人员,魏某在此期间担任某粮库的财务科科长,参与私分国有资产的具体实施,属于其他直接责任人,构成私分国有资产罪。

综上,法院以受贿罪、私分国有资产罪追究杨某刑事责任,以私分国有资产罪追究魏某刑事责任。

"律师说法"案例集(8)

60. 传来证据认定参与黑社会性质组织罪，是否合法？

□ 韩英伟

【案情简介】

2000年以来，萧某纠集大量社会闲散人员，在A市某区逞强斗狠，为非作恶，欺压、残害群众，逐渐建立起以其本人为组织、领导者，以赖某、文某、袁某、熊某、赵某、袁某等人为骨干成员的黑社会性质组织。2004年11月某日，萧某纠集大量组织成员在A市某区大酒店"摆场"闹事。

2008年6月10日，萧某死亡。文某（已判刑）接替萧某成为该黑社会性质组织的组织、领导者，形成以文某为首，以罪犯赖某、洪某、袁某及于某等人为骨干成员的黑社会性质组织。2008年12月13日，文某纠集大量组织成员在A市某区某有限公司门口"摆场"闹事。

赖某于2020年7月16日自动投案至公安机关。

【判决结果】

一、被告人赖某犯参加黑社会性质组织罪，判处有期徒刑二年六个月，并处罚金人民币十万元；犯聚众斗殴罪，判处有期徒刑三年；犯寻衅滋事罪，判处有期徒刑三年三个月；犯开设赌场罪，判处有期徒刑一年，并处罚金人民币五千元；决定执行有期徒刑六年十个月，罚金十万五千元；

二、公安机关查封、扣押、冻结的被告人赖某的个人财产依法处理，可用于折抵罚金。

【律师解读】

本案中大部分认定赖某参与黑社会性质组织罪的证据为传来证据，那么传来证据是否可以作为定案根据？

《刑事诉讼法》第六十一条规定，证人证言必须在法庭上经过公诉人、被害人和被告人、辩护人双方质证并且查实以后，才能作为定案的根据。法庭查明证人有意作伪证或者隐匿罪证的时候，应当依法处理。传来证据也是证据的一种，虽然证明力不及原始证据，但只要与待证的事实存在关联，查证属实后可作为定案依据。本案中，部分证人、被害人的言词证据虽系传来证据，但均处于组织之中，对该组织的成员、架构以及组织纪律、活动规约、势力范围、垄断行业等有不同程度的了解和认知。层级较低的组织成员对组织者、领导者的指认多源自组织内成员之间的口口相传，也是特定场合在特定范围人群中的传播，并非没有确切来源的道听途说。证人及被害人对组织架构、组织犯罪等事实的指证亦或有亲身感知或能够说明来源，且均能与在案其他证据相互印证，故可作为定案依据。

《中华人民共和国刑法》第二百九十四条第五款规定，黑社会性质组织应当同时具备组织特征、经济特征、行为特征和危害性特征。

组织特征方面，上述犯罪组织形成以萧某、文某先后为首的、较为稳定的黑社会性质组织结构，成员加入该组织具有一定的形式，该组织管理严格，具有一定的组织纪律和活动规约，该组织存有固定的势力范围。

经济特征方面，该犯罪组织通过违法犯罪活动或者其他手段获取经济利益，具有一定的经济实力，并以所获取的经济利益支持该组织的活动。

行为特征方面，该组织实施了27单犯罪行为和2单违法行为，具备黑社会性质组织的行为特征。

危害性特征方面，该组织实施了一系列违法犯罪行为，为非作恶，对涉及一定行业的准入、经营、竞争等经济活动形成管理权限影响，该组织大肆开设赌场并垄断赌档经营，对当地的社会秩序、经济秩序造成了严重破坏。

赖某、文某及于某等人积极发展了多名组织成员，壮大组织声势。以萧某、文某先后为首的黑社会性质组织长期盘踞在A市某区，通过开设赌场、经营香港外围赌马和六合彩、摆放老虎机、贩卖毒品、组织卖淫以及垄断经营废品站、化粪池清理、电瓶车线路、啤酒销售等行业，实施了一系列违法犯罪活动并通过违法犯罪活动获得了大量非法财物,严重破坏了社会经济、社会生活秩序。赖某明知或者应当知道该组织是以实施违法犯罪行为为基本活动内容的组织,仍加入并接受其领导和管理,应当被认定为参加黑社会性质组织。

61. 许某殴打父亲致其死亡,为何判处死刑?

□ 高 庆

【案情简介】

许某平时经常打骂父母,其母被打得不敢回家。2012年5月28日,许某又因琐事在家中殴打因患脑血栓行动不便的父亲许大。同月30日中午,许某再次拳打脚踢许大的头面部及胸部等处,造成许大双侧胸部皮下及肌间广泛出血,双侧肋骨多根多段骨折,左肺广泛挫伤,致其发生创伤性、疼痛性休克并发呼吸困难死亡。

【判决结果】

一审判决:

被告人许某犯故意伤害罪,判处死刑,剥夺政治权利终身。

被告人许某不服一审判决,提出上诉。

二审裁定:

裁定驳回上诉人许某的上诉,维持原判。

二审法院依法报请最高人民法院核准。

死刑复核:

核准许某死刑。

【律师解读】

尊老爱幼是中华民族的传统美德,许某平时好吃懒做,还经常打骂父母,在案发前和案发当日先后两次对患脑血栓行动不便的父亲施暴,殴打其父头面部及胸部等要害部位。从许大双侧肋骨多根多段骨折的情况看,许某暴力程度很强,说明许某主观上具有伤害的故意。案发后,许某的近亲属及村民代表均要求严惩不务正业、打死生父、违背人伦道德的"逆子"。因此,对许某以故意伤害罪核准死刑,定罪准确,量刑适当。充分体现了对严重侵犯老人等弱势群体的暴力犯罪予以严惩的政策,即便是发生在家庭成员间也不例外。

(一)法律对家庭暴力如何界定?

《民法典》第一千零四十二条规定:"禁止家庭暴力。禁止家庭成员间的虐待和遗弃。"《反家庭暴力法》明确规定,家庭暴力,是指家庭成员之间以殴打、捆绑、残害、限制人身自由以及经常性谩骂、恐吓等方式实施的身体、精神等侵害行为。家庭成员以外共同生活的人之间实施的暴力行为,参照该法规定执行。

上述规定中的家庭成员,是指配偶、父母、子女和其他共同生活的近亲属(兄弟姐妹、祖父母、外祖父母、孙子女、外孙子女)。家庭暴力不局限于上述家庭成员之间,共同生活的人之间实施的暴力也属于家庭暴力。暴力行为主要包括身体暴力和精神暴力等侵害行为。

(二)遇到家庭暴力该如何应对?

《反家庭暴力法》第十三条规定:"家庭暴力受害人及其法定代理人、近亲属可以向加害人或者受害人所在单位、居民委员会、村民委员会、妇女联合会等单位投诉、反映或者求助。有关单位接到家庭暴力投诉、反映或者求助后,应当给予帮助、处理。家庭暴力受害人及其法定代理人、近亲属也可以向公安机关报案或者依法向人民法院起诉。单位、个人发现正在发生的家庭暴力行为,有权及时劝阻。"

当事人遭受家庭暴力或者面临家庭暴力的现实危险,可向法院申请人身安全保护令。法院受理申请后,应当在72小时内作出人身安全保护令或者驳回申请;情况紧急的,应当在24小时内作出。人身安全保护令的有效期不超过6个月,自作出之日起生效。人身安全保护令失效前,法院可以根据申请人的申请撤销、变更或者延长。

(三) 面对家庭暴力应收集哪些证据？

包括但不限于报警、接警、出警记录；鉴定资料、医院病历、伤情照片；录音录像等视听资料；邻居证人证言；施暴者保证书、短信、微信记录；妇联、社区、居或村委等组织、团体出具的相关材料等。

62. 涉嫌重大劳动安全事故罪，检察院为何不起诉？

□ 朱 榕

【案情简介】

2022年3月24日7时30分左右，李某（死者）、张某、马某、岳某4人在A公司院内西面维修厂房，李某在厂房西面第三根工字钢支撑立柱借着窗户框向墙上攀爬准备焊接彩板方管时，不慎坠落，摔在地上。现场其他工人将其送至某市中心医院治疗。

2022年3月25日7时20分，李磊经抢救无效死亡。同月25日15时51分，刘某到B市某区派出所报案。

经B市人民政府关于对《A公司"3.24"一般高处坠落事故调查报告》的批复认定，李某（死者）安全意识淡薄，攀登时没有使用梯子、平台或其他登高设施，擅自冒险从第三根钢柱借着窗户向上攀爬，且攀爬位置较滑，死者没有采取防滑措施，没有清除作业面上的露水，也没有按规定正确佩戴安全帽和正确使用安全带，是造成此次事故的直接原因。A公司对作业现场监管不到位，未能及时排查与消除生产过程中作业人员没有使用梯子、平台或其他登高设施登高，没有确认好现场作业条件，没有按规定正确佩戴安全帽和正确使用安全带的危险因素，是造成此次事故的间接原因。

2022年6月20日，A公司法定代表人张宁到B市公安局投案自首。

⚖ 【处理结果】

B市某区人民检察院决定对张某不起诉。

⚖ 【律师解读】

本案为较为少见的通过企业合规促使检察院做出不起诉决定的案例：

B市某区人民检察院在办案时发现A公司符合企业合规第三方机制适用条件，根据最高人民检察院、全国工商联等九部门联合印发的《〈关于建立涉案企业合规第三方监督评估机制的指导意见（试行）〉实施细则》《涉案企业合规第三方监督评估机制专业人员选任管理办法（试行）》的规定，经征询企业意见，A公司同意适用企业合规第三方机制。

2023年3月7日，A公司签订企业合规承诺书，内容为："为加强企业合规建设，优化完善企业内部治理结构和经营管理运行模式，建立完善规章制度，有效把控法律风险，弥补监督管理漏洞，防止违法犯罪案件的再次发生，本单位自愿接受企业合规监督考察，同意适用企业合规第三方监督评估机制，并作如下承诺：一、严格遵守法律法规，积极配合司法机关依法办案。二、积极采取相应措施，赔偿李某家属经济损失120万元并且签订谅解协议书。三、针对本公司规章制度不完善、内部管理不完善等突出问题，制订有效的合规计划。明确合规计划的完成期限和目标，并承诺组织落实整改。四、主动配合第三方监督评估组织的调查、评估、监督、考察，根据要求向第三方监督评估组织书面报告合规计划执行情况，接受第三方监督评估组织对公司合规整改提出的建议并承诺落实整改，积极配合第三方监督评估组织出具合规考察报告。五、听取并落实人民检察院关于企业合规监督考察的其他意见和建议。"

考察期内，A公司提供多稿合规计划，从企业基本情况、企业涉案的经过和成因分析、制订合规计划遵循的原则、企业合规建设方案、确保方案能实施的机制和措施、合规目标等方面阐述合规计划，并建立完善合规制度。

A公司自2023年3月7日考察期开始，态度诚恳，积极采取草拟合规计划以及建立完善各项合规制度等措施,并采取组织培训员工、组织对非法经营问题进行考试等措施。虽然 A 公司规模较小,合规制度不完善,但是自 2023 年 3 月 7 日开始逐步建立完善合规制度,至 2023 年 4 月初已初步建立并完善合规制度。

专业人员对 A 公司合规制度进行评估,认为 A 公司基本建立完善了相关合规制度,合规制度可以对重大劳动安全事故合规风险进行有效的识别、控制,可以对违规违法行为及时处置,A 公司安全等制度以及持续整改机制和合规文化已基本形成,合规制度可以有效地应对不安全生产类合规风险。

63. 判决退赔诈骗款近千万,为何撤销?

□ 邱　跃

【案情简介】

2015 年至 2016 年,李四在王五等人租赁的北京市某区某镇地块内抢建大棚、抢种树木,骗取补偿款 983 万。张三在此期间积极参与,帮助李四代持租赁合同。

因涉嫌犯诈骗罪,张三于 2022 年 1 月 13 日被刑事拘留,同年 2 月 17 日被逮捕。张三委托北京市盈科律师事务所邱跃律师为其辩护。

【判决结果】

一审判决:

一、被告人张三犯诈骗罪,判处有期徒刑六年,并处罚金人民币六万元;

二、责令被告人张三、李四共同退赔北京市某区某镇人民政府人民币九百八十三万七千零七元。

被告人张三不服一审判决,提起上诉。

二审判决:

一、维持北京市某区人民法院（2022）京X刑初X号刑事判决主文第一项，即被告人张三犯诈骗罪，判处有期徒刑六年，并处罚金人民币六万元；

二、撤销北京市某区人民法院（2022）京X刑初X号刑事判决主文第二项，即责令被告人张三、李四共同退赔北京市某区某镇人民政府人民币九百八十三万七千零七元。

【律师解读】

本案的争议焦点是：张三案一审判决是否违反"同案同判原则"和"罪责刑相适应原则"。

《中华人民共和国刑法》第四条规定，对任何人犯罪，在适用法律上一律平等。同案同判原则要求不同的人在相同或者相似的案件中，能够得到相同或者相似的判决。

《中华人民共和国刑法》第五条规定，刑罚的轻重，应当与犯罪分子所犯罪行和承担的刑事责任相适应。罪责刑相适应原则要求根据罪行的大小，决定刑罚的轻重。罪重的量刑则重，罪轻的量刑则轻。

本案中有签约租地、抢建抢种、申报假拆迁材料、骗取拆迁款四个环节。张三只涉及签约租地环节，没涉及抢建抢种、申报假拆迁材料、骗取拆迁款的环节，且李四等人分赃时，张三未从中获利。

该案的判决中，张三的犯罪情节与同案犯王五相似，同样是代持土地租赁合同，同样未从中获利，一审法院认定张三与王五都是从犯，但判决追缴王五0元，追缴张三983万元，这无疑违反了同案同判原则和罪责刑相适应原则。

综上，二审法院认为一审判决责令退赔项不当，撤销该项判决。

"律师说法" 案例集（8）

64. 拒不执行离婚和解协议，如何定罪量刑？

□ 温奕昕

【案情简介】

2021年1月，北京市某法院对王某跟李某的离婚和解协议进行司法确认，作出民事裁定书。和解协议载明：王某给李某离婚补偿款200万元，于2021年9月30日前给付完毕。在民事裁定书生效后，王某未按照生效司法确认裁定书履行给付义务。

2021年8月1日，李某向人民法院申请执行立案标的人民币200万元。某法院于2021年8月15日作出强制执行裁定书，并向王某送达执行通知书、报告财产令等法律文书。某法院划扣王某名下银行卡、微信、涉案款、执行回款等共计人民币10万元至李某账户。

在执行期间，王某于2021年9月1日办理中国银行卡，未向法院报告，自2021年9月6日至2022年6月6日，该银行卡转入资金人民币150万余元，被其转出、消费或取现。王某的账户资金足以履行其与李某之间的和解协议，却未履行，经法院屡屡催款，其仍以没钱为由拒绝履行。

2022年6月，某法院作出《案件移送函》，将执行案卷宗复印件移送到属地公安机关，要求对王某涉案拒不执行判决、裁定罪应予以追究刑事责任。

【判决结果】

被告人王某犯拒不执行判决、裁定罪，判处有期徒刑十个月。

【律师解读】

2019年3月，最高人民法院宣布，经过3年来的全力攻坚，"基本解决执行难"这一阶段性目标如期实现。2019年8月，中央全面依法治国委员会印发《关于加强综合治理从源头切实解决执行难问题的意见》，就加强执行难综合治理、深化执行联动机制建设、加强人民法院执行工作等作出部署。目前最高人民法院正在起草民事强制执行法草案，切实解决执行难迈进，能有效提升司法权威和司法公信力，贯彻落实全面依法治国基本方略。

《中华人民共和国刑法》第三百一十三条规定：对人民法院的判决、裁定有能力执行而拒不执行，情节严重的，处三年以下有期徒刑、拘役或者罚金。《全国人民代表大会常务委员会关于〈中华人民共和国刑法〉第三百一十三条的解释》规定：刑法第三百一十三条规定的"人民法院的判决、裁定"，是指人民法院依法作出的具有执行内容并已发生法律效力的判决、裁定。下列情形属于刑法第三百一十三条规定的"有能力执行而拒不执行，情节严重"的情形：（一）被执行人隐藏、转移、故意毁损财产或者无偿转让财产、以明显不合理的低价转让财产，致使判决、裁定无法执行的；……（五）其他有能力执行而拒不执行，情节严重的情形。

拒不执行判决、裁定罪是指对人民法院已经发生法律效力的判决有能力执行而拒不执行，情节严重的行为。立法精神所指"情节严重"是指不论被执行人实施何种逃避或者抗拒执行的行为，一旦出现致使判决无法执行的状态时，便可认定。"致使判决无法执行"是指债务人逃避或者抗拒执行的行为造成人民法院执行机构无法运用法律规定的执行措施，或者虽运用了法律规定的各种执行措施，但仍无法执行的情形。拒不执行判决罪所侵犯的客体主要是司法秩序和司法权威，应从影响人民法院执行工作的角度来理解"致使判决无法执行"，而不能仅从债权人是否最终实现债权角度来分析。

从前述的事实来看，王某多次向他人转账，且他人多次向王某进行转账，王某的账户资金足以履行其与李某之间的和解协议，但是王某却未履行，法院执行庭屡屡催款，其仍以没钱为由拒绝履行。王某的行为属于有能力执行法院生效裁定所确定的义务却拒不执行，致使法院生效裁定无法执行的情形。王某的行为严重损害了人民法院裁判及法律的权威，妨害了司法秩序，损害了债权人的合法权益，导致债权人权利无法实现，已达到情节严重的程度，涉嫌拒不执行判决、裁定罪。

王某有能力执行法院判决而拒不执行，躲避法院执行，主要犯罪事实清楚，证据充分，符合法律规定的犯罪构成要件，应以拒不执行判决、裁定罪追究刑事责任，故法院作出上述判决。

司法是维护社会公平正义的最后一道防线，执行是诉讼程序的最后一道环节。法院执行是指在负有义务的一方当事人拒不履行生效法律文书的义务的情况下，人民法院根据民事诉讼和相关法律的规定，运用国家强制力，强制义务人履行生效法律文书所确定的义务，使生效的法律文书得以实现所进行的司法活动。"执行难"是指审判机关的生效判决文书难于执行。这是我国长期以来一直困扰法院和全社会的突出问题。它既反映了法院执行工作面临的困境，也反映了申请执行的债权人实现债权面临的困难。实践中，"执行难"主要表现为被执行人难找、特殊主体难动、执行财产难寻、应执财产难动、协助执行难求、抗拒执行难究等方面。社会诚信缺失、社会信用体系不健全，是形成执行难和长期不能解决执行难的根本原因之一。拒不执行判决、裁定罪为"执行难"背景下的执行工作困境提供了一个新的手段，通过刑事制裁的威慑作用来实现"胜诉权益"。

65. 被继承人生前的转账，能否被认定为债权？

□ 白雪娇

【案情简介】

于甲（系于某之父）身患重病，与李某系同居关系。于甲临终前几个月通过手机银行陆续向李某转账30余万元，生前为于某留下一份打印遗嘱，载明："我名下的所有合法拥有的银行存款、现金和其他形式的财产和权益在我去世后由儿子于某继承"。

于某向李某索要于甲生前向其转账的30余万元，李某拒绝归还，称该行为为赠与。

于某认为于甲临终前几个月给李某转账款系借贷，遂以遗嘱继承纠纷将李某诉至法院，要求李某归还 30 万元。

【判决结果】

一审判决：
驳回原告于某的全部诉讼请求。
原告于某不服一审判决，提起上诉。
二审判决：
驳回上诉人于某的上诉，维持原判。

【律师解读】

一、关于遗嘱的形式及效力认定

于甲留下的遗嘱系打印文件，应属打印遗嘱。根据《中华人民共和国民法典》的规定，打印遗嘱应当有两个以上见证人在场见证。遗嘱人和见证人应当在遗嘱每页签名，注明年月日。

律师经过认真核查本案中于某提交的遗嘱，发现遗嘱人和见证人未在打印遗嘱的每一页签名，注明年月日，遂向法院提出遗嘱效力的质疑。法院经过审理认为：按照遗嘱形式法定的原则，打印遗嘱在不止一页的情况下，遗嘱人和见证人应当在打印遗嘱的每一页都签上自己的姓名并注明年月日。不符合上述形式要求的遗嘱部分是无效的，于某提交的打印遗嘱第一页未按照法律规定注明年月日，因此于某以该打印遗嘱为基础，主张继承债权确有不妥，最终驳回于某的全部诉讼请求。

二、于甲生前的转账款能否被法院认定为债权，从而判定李某返还给于某？

白雪娇律师作为李某代理人，提出：债权在法律上是一个很广泛的概念，具体在本案中这个债权具体是属于什么债权，是借贷之债、无因管理之债还是委托理财等。白雪娇律师多次向法院强调，于某需明确本案的债权性质。于某在开庭最后陈述认为转账款系借款。白雪娇律师抓住借贷法律关系审理的要点，明确该笔款项系于甲生前赠与款项，在于甲生前已处分，该笔款项现在是属于李某的个人财产。法院最终认为：于甲与李某之间有频繁的交易往来及转账。涉案款项系于甲生前处分,于甲已去世的情况下,于某提交的证据既不足以证明有借款的意思联络,也不足以证明于甲对李某享有债权,故于某应承担举证不能的法律后果,最终经过一、二审驳回了于某的全部诉讼请求。

66. 涉嫌假冒注册商标罪,为何未批准逮捕?

□ 刘园园

【案情简介】

2022年7月,左某入职某公司从事库房管理工作。

2022年12月11日,某公司因涉嫌假冒注册商标罪,诸多职工被某区公安机关刑事拘留,某公司为其被抓的十几名员工共同委托北京市盈科律师事务所刑辩团队进行刑事辩护。

北京市盈科律师事务所刘园园律师为某公司员工左某进行刑事辩护。

【处理结果】

某区人民检察院对左某作出不予批准逮捕决定。

【律师解读】

律师接受委托后,当即对左某进行了刑事会见,并第一时间递交检察院《取保候审申请书》和《不予批准逮捕的法律意见书》,并与承办检察官当面沟通,最终案件取得了理想结果。

辩护人认为案件符合不予批准逮捕的条件,主要从以下几个方面阐述:

一、从客观上讲,左某没有实施假冒注册商标的行为

第一,本案涉嫌假冒注册商标罪的主体是某公司,系单位犯罪。左某在公司的工作岗位并不明确,并非公司直接负责的主管人员。2022年7月底，左某才入职某公司，约定3个月试用期，截至被采取刑事拘留，在单位刚刚过实习期，对公司的业务并不十分熟知，对业务流程更不熟悉。左某系普通员工，只是从事公司一直有的业务，顺延其他人的工作，无权参与公司决策，对公司涉嫌的假冒注册商标的行为并不知情。

第二，辩护人通过会见左某了解到，嫌疑人左某在本案中并未获利。其每个月工资大概为四千元，没有提成。左某仅从公司领取了3个月的工资。根据一般人的推理，工作的内容也基本接触不到核心业务及商业秘密，且左某入职公司的时间太短暂，客观上也不可能接触到公司机密。

因此，辩护人认为，嫌疑人左某客观上未实施假冒注册商标的行为。

二、从主观上讲，左某没有假冒注册商标的主观故意

假冒注册商标罪在主观方面表现为故意，即行为人明知某一商标是他人的注册商标，未经注册商标所有人的许可，在同一种商品上使用与该注册商标相同的商标。

第一，本案中嫌疑人左某的文化水平不高，根本不知道什么是商标，更遑论去假冒商标。

第二，倘若左某主观上是过失，即确实不知道自己所使用的商标是他人已注册的商标，那便不构成假冒注册商标罪。

第三，左某对公司生产和经营的行为并不知情，从每月工资收入和入职时间、工作岗位等因素可推断出，其主观上没有假冒注册商标的故意，也不存在以营利为目的的故意。

因此，辩护人认为，嫌疑人左某主观上没有假冒注册商标的故意。

三、对嫌疑人左某采取取保候审不致发生社会危险性

第一，某公司涉嫌的罪名为假冒注册商标罪，退一步讲，即便某公司构成犯罪，承担责任的人员也应是公司直接负责的主管人员。左某作为公司的普通员工，要承担的责任也是很小的，属于我国《刑事诉讼法》规定的"采取取保候审不致发生社会危险性的"的情形。

第二，左某家庭情况困难，有需要其扶养的直系亲属，故恳请检察院在依法办事的同时，能适当兼顾情理，以达到警示和教育相结合的效果。

综上，辩护人认为，犯罪嫌疑人左某具备《中华人民共和国刑事诉讼

法》第六十七条规定的取保候审的条件。检察院最终采纳了律师的意见，对左某不予批准逮捕并成功取保候审，委托人很满意案件结果。

67. 开设网络赌场"诈赌"，为何认定诈骗罪？

□ 张　璐

【案情简介】

2017年起，姜某等人从国内招募、组织罗某等人出境至菲律宾马尼拉、阿联酋迪拜通过电信网络实施诈骗犯罪，形成较为固定的诈骗犯罪集团。犯罪集团具有稳定的内部结构，成员之间使用化名进行交流，下设多个小组，每个小组由一名组长带领若干推广员。

成员使用统一提供的作案手机和预设的话术，通过社交软件如QQ等添加国内潜在的诈骗对象为好友。以交朋友、聊天等方式获取这些被害人的信任，然后引诱他们进入网络赌博平台进行投注赌博。

一旦被害人进入赌场并开始投注，犯罪集团会通过控制赌博平台和后台提现审核，编造各种理由限制提现。当被害人大额赢钱并申请提现时，犯罪集团会要求他们"提高下注流水"后方可提现，以此为借口继续行骗。

期间，该犯罪集团以此"诈赌"形式共骗取被害人曾某等人钱款共计人民币300万元以上，赌资流水达人民币6000万元以上。

罗某系该犯罪集团成员之一，案发后，经多方咨询，委托张璐律师为其辩护。

【判决结果】

被告人罗某犯诈骗罪，判处有期徒刑二年三个月，并处罚金人民币13000元。

【律师解读】

《中华人民共和国刑法》第二百六十六条规定，诈骗公私财物，数额较大的，处三年以下有期徒刑、拘役或者管制，并处或者单处罚金；数额巨大或者有其他严重情节的，处三年以上十年以下有期徒刑，并处罚金；数额特别巨大或者有其他特别严重情节的，处十年以上有期徒刑或者无期徒刑，并处罚金或者没收财产。

诈骗罪的犯罪构成要件包括：

1. 客体要件：诈骗罪侵犯的是公私财物所有权，即受害人的财产权益。犯罪行为人通过欺骗手段获取受害人的财物，损害了受害人的财产利益。

2. 客观要件：诈骗罪在客观方面表现为采取虚构事实、隐瞒真相等欺诈手段，导致受害人产生错误认识，并基于错误认识而处分财产。常见的欺诈手段包括虚假陈述、伪造证明文件、编造虚假投资计划等。

3. 主体要件：诈骗罪的主体为一般主体，包括达到法定刑事责任年龄、具有刑事责任能力的自然人。同时，某些特殊身份的人也可能构成诈骗罪的主体，如银行工作人员利用职务之便进行金融诈骗等。

4. 主观要件：诈骗罪在主观方面表现为直接故意，即犯罪者明知自己的行为会侵害他人的财产权益，但仍积极追求这种结果的发生。同时，犯罪者具有非法占有公私财物的目的，即不归还公私财物的意图或不法所有的意图。

本案中，罗某等人以非法占有为目的，结伙在境外参与电信网络诈骗犯罪集团累计时间超过 30 日，利用网络技术手段骗取他人财物，情节严重，其行为已触犯我国刑法，构成诈骗罪。

《中华人民共和国刑法》第二十七条规定，在共同犯罪中起次要或者辅助作用的，是从犯。对于从犯，应当从轻、减轻处罚或者免除处罚。从犯是在二人以上共同故意犯罪中起次要或者辅助作用的犯罪分子。从犯在量刑上往往比主犯量刑上要轻，罗某在共同犯罪中起次要作用，系从犯，且罗某犯罪后能自首并已退出部分违法所得，因此应依法予以减轻处罚。

68. 涉嫌合同诈骗九千万，为何判处两年零四个月？

□ 曲衍桥

【案情简介】

句某在 A 公司担任总监期间，A 公司领导引进炒外汇项目作为员工副业，并鼓励员工积极参与。句某加入其中，并推荐若干人加入该项目。

2021 年 8 月，炒外汇平台暴雷。2021 年 11 月，句某自行前往公安局说明情况时，因涉嫌合同诈骗罪被公安机关刑事拘留，涉案金额 9000 余万元。同案被拘留的还有 A 公司的其他三人。

句某被刑事拘留后，句某家属委托北京市盈科律师事务所曲衍桥律师团队为句某进行刑事辩护。

【判决结果】

被告人句某犯非法经营罪，判处有期徒刑 2 年 4 个月，并处罚金。

【律师解读】

律师接受委托后，共计会见句某 23 次，期间也根据案件进展提交了《取保候审申请书》《不予批捕法律意见书》《羁押必要性审查申请书》《提请办案机关调取证据的申请书》《关于申请法院建议检察院调整量刑建议的申请书》等法律文书数十份，且在仔细研读案卷的基础上不断和办案机关沟通案情，提出专业的法律意见，最终案件取得了圆满的结果。

律师认为句某非法经营罪案的辩护要点主要是以下几个方面：

一、涉嫌罪名

句某因涉嫌合同诈骗罪被刑事拘留，律师在了解案情后就对该罪名提出了异议：虽然被害人通过句某的介绍和炒外汇平台之间签订了相关"协议"，但是句某并没有非法占有被害人财物的主观目的，在履行合同过程中也不存在隐瞒事实或者虚构事实骗取被害人财物的情形，与合同诈骗罪的犯罪特征完全不符。如果认定其为合同诈骗罪，涉案 9000 万元可能被判处 10 年以上有期徒刑。

根据句某的行为特征，律师认为句某如果构成犯罪的话，更符合非法经营罪的犯罪特征，且在涉案金额上也存在较大的辩护空间，句某有可能判处 5 年以下有期徒刑。所以律师就罪名问题反复与公安机关和检察院沟通，并提交了书面的辩护意见。最终检察院以非法经营罪提起公诉。

二、犯罪数额

涉案外汇交易平台的数额是 9000 万元，如果以此金额量刑，即便法院认定句某是从犯，刑期也会很长，并且句某并不是全面负责该平台业务的负责人，只是参与者和平台的受害者。因此律师提出对句某犯罪金额的认定，不能以平台的全部涉案金额认定，应以句某直接负责客户的入金金额承担责任，最终法院采纳了律师的意见，对句某的犯罪金额认定为 1100 余万元。

三、在共同犯罪中的排名

因该案被刑事拘留的有四人，句某在四个犯罪嫌疑人中排在第二位，但是律师认为句某在该案中作用小于其他三个犯罪嫌疑人，应当排在第四位，原因如下：1. 句某不是全面负责涉案平台的炒外汇业务；2. 句某对接客户的数量和入金金额都少于其他三个犯罪嫌疑人；3. 句某的下属团队包括其接手的其中一个犯罪嫌疑人原来的团队，故该团队对接客户的人数和入金金额不应当计算在句某名下。

最终检察院采纳了律师的意见，在审查起诉时，将句某的排名从第二位降到第四位。这个排名的降低，直接导致句某的刑期为 2 年 4 个月，比排名第二位的犯罪嫌疑人少判了 3 年。所以，在共同犯罪案件中，对犯罪嫌疑人排名的辩护，也是一种有效的刑事辩护策略。

四、自首情节

句某是主动到公安机关说明案情时被公安机关刑事拘留的，此行为应当认定为自首。但是现有证据并不能证明句某自首的经过，故律师在开庭前向办案机关申请了调取《句某到案经过说明》。同时律师为了能更有把握地认定自首，也考虑到句某已经羁押一年多，被法院判决无罪的可能性极小，遂在开庭前和句某协商在法庭上认罪认罚。最终法院仅认定了句某一人构成自首，从轻处罚。虽然其他犯罪嫌疑人也有主动到案的情节，但法院以没有如实供述罪行为由不认定其他犯罪嫌疑人构成自首，只是酌定从轻处罚。

刑事案件中，辩护律师很多有价值的工作都是在庭下做的。如果庭前不充分阅卷，吃透案情，很难找对案件的切入点，达到预期的辩护效果。在庭上走流程式的慷慨激昂，受损失的不仅是当事人，更是律师的执业信仰。

69. 民警涉嫌玩忽职守罪，二审为何改判无罪？

□ 韩英伟

【案情简介】

2021年9月15日，某车站工作人员在该站进站口，查获旅客胡某持旅客列车车票，携带121枚雷管欲进站乘车，当即将胡某交给在该站值班的公安人员黄某。黄某将胡某带到公安室进行调查询问，并向有关领导进行了汇报。按领导要求，要有专人对胡某进行看管。此前，黄某已连续带班工作了三天三夜，很疲劳。车站当天警力不足，身为副所长的黄某一面向领导汇报，一面主动承担了对胡某的看管工作。

按照惯例，黄某对胡某进行了防范检查，收掉胡某的裤带等不安全物品，办理了留置手续，将胡某送进留置室锁好门。此时已是16日凌晨1时许，黄某搬来椅子坐在留置室门口看守。凌晨4时许，黄某感到头晕眼发黑，再也坐不下去了，见胡某已熟睡，叫其不应，便扶墙到隔壁值班室打了盹。5时许，黄某再回留置室。发现胡某已用自己身上的白衬衣绞成绳索系在钢筋护栏上自缢身亡。法医检验证实：胡某为自缢死亡。

检察院以黄某涉嫌玩忽职守罪向法院提起公诉。

【判决结果】

一审判决:
被告黄某犯玩忽职守罪,免予刑事处罚。
黄某不服一审判决,提起上诉。
二审判决:
撤销上诉人黄某犯玩忽职守罪、免予刑事处罚的刑事判决,宣告上诉人黄某无罪。

【律师解读】

本案是一起普通的刑事案件,事实清楚,证据确实、充分,但对本案的定性存在较大的分歧,其争议焦点就是该案究竟是玩忽职守还是意外事件。

玩忽职守罪是指国家机关工作人员不履行、不正确履行或者放弃履行其职责,致使公共财产、国家和人民利益遭受重大损失的行为。该罪侵犯的客体是国家机关正常的管理活动;犯罪的主体是特殊主体;主观方面是过失;客观方面必须是严重的不负责任、不履行或不正确履行职责,同时必须造成重大损失。而意外事件是指行为人的行为在客观上虽然造成了损害结果,但不是出于故意或者过失,而是由于不能抗拒或者不能预见的原因所引起的事件。

《中华人民共和国刑法》第十六条规定,行为在客观上虽然造成了损害结果,但是不是出于故意或者过失,而是由于不能抗拒或者不能预见的原因所引起的,不是犯罪。

黄某将胡某送入留置室之前,对胡某进行了安全检查,扣押了胡某的裤带等不安全物品,并把胡某送进安全性能良好的留置室内。同时,黄某离开留置室并不意味着他离开值班区。黄某在采取必要的安全措施后,离开留置室到值班室并不违背规定,不能认定黄某擅离岗位,更不能认定其严重不负责任。

并且,黄某在接到车站移交的犯罪嫌疑人胡某后,及时地对他进行了讯问，并将案情及时向派出所值班人员汇报，并报公安处有关领导和部门，要求所里派人派车将胡某送到有羁押犯罪嫌疑人条件的派出所关押。所里因当天警力不足派不出人员和车辆，指示黄某接受临时看管胡某的任务，并传达了公安处领导关于对胡某严加看管等指示。在警力不足的情况下，黄某主动承担了看管任务，并且依法办理了留置手续。

黄某在执行看守被留置人员胡某的临时任务时已经尽职尽责，胡某自杀的方式特殊，是黄某不能预料的。黄某在看守胡某时尽职尽责，此事的发生不可预见，主观上无过错，胡某的死亡属于意外事件的理由成立，应予以采纳。

这些事实经过说明被告人黄某正确履行了职责，不能认定其为玩忽职守。

70. 恶狗伤人，主人为何犯过失致人重伤罪？

□ 张 颖

【案情简介】

李某在某村的苗圃内，在未采取相应防护措施的情况下将其饲养的5只罗威纳犬、2只金毛犬及其朋友的2只罗威纳犬散放在该苗圃土沟内，任犬只自由活动。

张某（女童，6周岁）由其叔叔张某甲带至该苗圃土沟内。李某见到后未告知饲养犬只的危险性，也未采取任何防护措施，继续放任犬只在土沟内活动，后张某被其中三只罗威纳犬咬伤头部、会阴部及下肢。经鉴定，张某的伤情构成重伤二级。

【判决结果】

被告李某犯过失致人重伤罪，判处有期徒刑八个月，缓刑一年。

【律师解读】

一、李某是否构成过失致人重伤罪？

李某应当预见自己的行为可能会造成他人人身损害的后果，或虽已预见但轻信可以避免，因而发生其所饲养的犬只伤害他人，致一人重伤的事情，其行为已构成过失致人重伤罪。案发后，李某自动投案，并能够如实供述其罪行，认罪态度较好，系首犯；且其积极赔偿被害人的损失，取得被害方的谅解，依法予以从轻处罚。根据李某犯罪的事实、犯罪的性质、情节和对社会的危害程度，作出上述判决。

从相关司法实践案例来看，2017年某市的胡某某饲养的两只烈性犬未套狗链，将蒋某、文某、唐某、曾某等多人咬伤，法院认定胡某某未尽到看管义务，导致犬只咬伤被害人致重伤二级，其行为危害了不特定多数人的生命、健康安全，触犯《中华人民共和国刑法》第一百一十五条第二款之规定，构成了过失以危险方法危害公共安全罪，判处有期徒刑一年六个月。

除过失致人重伤罪以外，犬只伤人还可能涉及故意伤害罪、故意杀人罪、过失以危险方法危害公共安全罪、过失致人死亡罪等罪名。构成哪种罪名需要看是否符合以及符合哪个犯罪构成要件。

二、李某是否承担民事侵权责任？

《民法典》第一千二百五十一条规定，饲养动物应当遵守法律法规，尊重社会公德，不得妨碍他人生活。

《民法典》第一千二百四十七条规定，如饲养烈性犬造成他人损害的，不管是何种原因造成损害，动物饲养人或者管理人一律应当承担侵权责任。法律对饲养烈性犬管理不善而发生的损害的责任承担机制更为严苛。

2021年修订的《中华人民共和国动物防疫法》第三十条第二款规定，携带犬只出户的，应当按照规定佩戴犬牌并采取系犬绳等措施，防止犬只伤人、疫病传播。

饲养动物致他人损害的民事责任承担，归责原则为对侵权责任人适用无过错原则。一旦其饲养的动物造成损害，动物的饲养人或管理人就应当承担侵权责任，对受害人进行民事赔偿。除非损害是由被侵权人故意或者重大过失造成的，如殴打、挑逗犬只等，这种情况下饲养人或管理人可以一定程度地减轻责任甚至免责，饲养人或管理人对被侵权人存在故意或重大过失负有举证责任。

该案中罗威纳犬伤人时未见其主人，李某作为饲养人未尽到对犬只的拴养、圈养责任，没有对罗威纳犬只采取任何安全措施，导致张某被咬伤，罗威纳犬在张某及其叔叔毫无预料和防备的情况下突然发起攻击，张某及其叔叔不存在主动、故意挑逗、激怒黑犬的行为，李某如主张减轻责任或不会获得支持。如涉事犬只是被李某遗弃的，《民法典》第一千二百四十九条的规定，李某作为原饲养人仍应当对罗威纳犬伤人一事承担侵权责任。因此，李某对受伤的张某承担侵权赔偿责任是毋庸置疑的。

71. 禁渔期内违法捕鱼，法院如何判决？

□ 李炎朋

【案情简介】

2021年6月11日3时许，吴某在M市内陆水域禁渔期内，携带电捕鱼工具至M市N区XX号路北侧约500米的河道旁，使用变压器、网兜等工具电捕鱼。同日5时许，吴某在捕鱼时被巡逻民警抓获，同时查获电捕鱼工具及渔获物43公斤（活鱼已放生，死鱼已作无害化处理）。

经评估，涉案渔具为一种采用电脉冲方式进行辅助捕捞（电捕的一种）的兜状抄网，作业方法为电捕。

2021年10月12日，吴某与M市xxx有限公司签订《增殖放流工作备案》，以人民币1500元购买鱼苗用于增殖放流。

【判决结果】

一、M市铁道运输法院判处被告人吴某犯非法捕捞水产品罪，判处拘役四个月，缓刑四个月；

二、供犯罪所用的被告人财物予以没收。

【律师解读】

《中华人民共和国刑法》第三百四十条规定，违反保护水产资源法规，在禁渔区、禁渔期或者使用禁用的工具、方法捕捞水产品，情节严重的，处三年以下有期徒刑、拘役、管制或者罚金。

2021年10月25日，M市铁路运输检察院以吴某破坏国家渔业资源和水生生态系统，损害了社会公共利益为由，提起刑事附带民事公益诉讼，吴某表示愿意接受处罚，购买鱼苗用于增殖放流。在诉讼过程中，吴某又与刑事附带民事公益诉讼起诉人达成调解协议，自愿对其行为造成的水生生物资源损害费用予以赔偿并承担鉴定费用。吴某违反保护水产资源法规，在禁渔期内使用禁用的工具捕捞水产品，情节严重。但根据《中华人民共和国刑法》第六十七条，犯罪嫌疑人如实供述自己罪行的，可以从轻处罚。《中华人民共和国刑法》第七十二条规定，对于被判处拘役、三年以下有期徒刑的犯罪分子，同时符合下列条件的，可以宣告缓刑，对其中不满十八周岁的人、怀孕的妇女和已满七十五周岁的人，应当宣告缓刑。（一）犯罪情节较轻；（二）有悔罪表现；（三）没有再犯罪的危险；（四）宣告缓刑对所居住社区没有重大不良影响。因此M市铁道运输法院依法对吴某判处缓刑。

禁渔制度对黄河渔业资源的恢复、对黄河流域沿岸生态保护及经济发展具有特殊意义，对生态保护和可持续发展具有重要价值。在禁渔期、禁渔区使用禁用的工具和方法非法捕捞水产品，不仅可能导致大量水生生物死亡，更有甚者可能会改变水域原有鱼类群落结构，破坏水生态系统环境，对生物资源造成严重破坏，最终损害社会公共利益和生态可持续发展。

72. 拒不履行法院生效法律文书，如何定罪量刑？

□ 邓凤文

【案情简介】

2019年5月1日，A市X区人民法院X号民事调解书就甲公司与乙公司买卖合同纠纷一案作出调解协议，协议规定，甲公司须于2019年7月30日前偿还乙公司货款20万元，岳某作为甲公司法定代表人与甲公司互负连带清偿责任等内容。

2019年8月3日，因岳某未按时履行民事调解书义务，乙公司法定代表人季某申请执行岳某财产，X区人民法院于当日立案。8月6日，X区人民法院以邮寄方式向岳某送达执行通知书、传票，责令其履行生效法律文书确定的义务，并传唤其于8月13日到X区人民法院处理执行事宜。

8月12日，岳某将其名下一辆宝马牌X5小型越野客车以40万元价格过户至其姐夫杜某名下。

8月14日，X区人民法院作出执行裁定书，裁定：查封、锁定、扣押被执行人岳某名下宝马牌X5小型越野客车，但由于岳某已将该车过户至他人名下，导致执行裁定书内容无法执行。

【判决结果】

岳某犯拒不执行判决、裁定罪，判处有期徒刑一年八个月。

【律师解读】

人民法院是代表国家行使审判权的唯一机关，其对各类案件作出裁判，人民法院的调解书是人民法院行使审判权的结果，也是人民法院解决纠纷、审结案件的一种方式，具有与生效判决书同等的法律效力。

最高人民法院2015年2月21日发布的五起打击拒不执行涉民生案件典型案例中,"黄起滨"拒不执行判决、裁定典型案例确立了经人民法院主持达成的调解协议具有与生效判决、裁定同等的效力,拒不执行生效调解书也可以构成拒不执行判决、裁定罪。调解书一经生效,即具有法律强制力,有关当事人以及负有执行责任的机关、单位,都必须执行。即使有不同意见,也只能按照法律的有关规定,进行申诉,不能抗拒人民法院的正常执行程序。

本案中,岳某不仅不在调解书确定的履行义务期间主动履行义务,反而将财产转移,导致调解书确定的内容无法履行。在明知人民法院对案件强制执行的情况下,仍不主动履行义务,也没有将转移的财产交付人民法院执行,致使2019年5月1日生效的调解书以及人民法院为执行生效调解书而制作的执行裁定至今没有得到任何执行,严重损害法律的严肃性和司法机关的权威。

综上,岳某的行为构成拒不执行判决、裁定罪。

73. 伪造、印刷、买卖临时车号牌,如何定罪量刑?

□ 温奕昕

【案情简介】

2021年至2023年间,王某在某地伪造、印刷大量临时行驶车号牌,邮寄给张某进行打印、销售。

2023年3月1日,王某被人民警察抓获,王某在押,扣押临时行驶车号牌5000余份。

在法院审理期间,王某退缴违法所得人民币四万元,公诉机关指控王某的行为构成伪造、买卖国家机关证件罪,并具有如实供述自己的罪行、自愿认罪认罚、退缴等量刑情节。

"律师说法" 案例集(8)

【判决结果】

被告人王某犯伪造、买卖国家机关证件罪，判处有期徒刑三年，并处罚金四万元。

【律师解读】

临时机动车号牌与机动车号牌一样，都是用于车辆上路行驶，但机动车号牌却不属于国家机关证件，具体理由如下：

第一，从国家机关证件的特征属性上看，机动车号牌不属于国家机关证件范畴。所谓国家机关证件，是指国家机关制作、颁发的，用以证明身份、职务、权利义务关系或其他有关事实的凭证，如结婚证、工作证、学生证、护照、户口迁移证、营业执照、驾驶证等。机动车号牌本身并不承载国家机关对车辆的权利、义务关系认证与事实，它的作用仅是对车辆身份的一个标识，而且从证件属性看，有关机动车的证明和凭证中，只有行驶证、登记证书属于国家机关证件的范畴，其他证明和凭证则不属于国家机关证件的范畴。因此，机动车号牌不能归类于国家机关证件。

第二，从刑法所规范的国家机关证件范围上看，机动车号牌不属于国家机关证件范畴。与普通国家机关证件相比，刑法所规范的国家机关证件具有一定的特殊性，范围要窄得多。《中华人民共和国刑法》第二百八十条第一款设立的目的，就是保证国家机关的正常活动，维护社会管理秩序，因此该条款所规范的"国家机关证件"，必须具备法定性的特征。现有司法解释等有关规定列明的国家机关证件，包括报关单、进口证明、外汇管理机关的核准文件等凭证、狩猎证、驾驶证、行驶证等。所以，根据罪刑法定的原则，我们需要对刑法规范的国家机关证件有所限制，如学生证、工作证、结婚证等，虽同属国家机关证件，但并不在刑法所规定的范畴之内。

第三，从法律规定的变化看，机动车号牌不再属于国家机关证件范畴。2007年《最高人民法院、最高人民检察院关于办理与盗窃、抢劫、诈骗、抢夺机动车相关刑事案件具体应用法律若干问题的解释》将涉及机动车证件的犯罪进行了区分，将提供或者出售伪造、变造的机动车来历凭证、整车合格证、号牌以及有关机动车的其他证明和凭证的行为，作为掩饰、隐瞒犯罪所得罪追究刑事责任，而明确将伪造、变造、买卖行驶证、登记证书累计三本以上的行为，作为伪造、变造、买卖国家机关证件罪追究刑责。由此可以看出，只有机动车行驶证和登记证书属于国家机关证件，机动车号牌则排除在此范畴之外。综上，机动车号牌不构成盗窃国家机关证件罪。

临时机动车号牌，即临时通行牌证，不仅印有文字、字母、数字等，背面还印有机动车所有人、住址、车辆类型等信息栏目，由公安机关交通管理部门盖章，因此其不仅是车辆的标志，还兼具行驶证的属性，人民法院将临时车牌认定为国家机关证件的意见正确。临时机动车号牌不需要装载在车辆前部及后部，而是直接放在驾驶室右下角，临时机动车号牌更容易逃避交警和交通电子眼的监督，伪造、买卖临时机动车号牌危害巨大，属于国家安全重中之重。因此，伪造、变造、买卖临时机动车号牌的，依照《刑法》第二百八十条第一款规定予以处罚。本案中王某属情节严重，人民法院根据王某的犯罪事实、性质、情节及对社会的危害程度，对王某所处的刑罚符合法律规定，并无不当。

74. 开设赌场抽取头薪，如何定罪量刑？

□ 张　璐

【案情简介】

2023 年 6 月 10 日至 6 月 20 日，林某、王某等人合伙在浙江省某县叶某住处及某棋牌室等处摆设赌场，供他人以"广东麻将"方式赌博，从中抽取头薪人民币 7000 元。

案发后，两人分别于 2023 年 7 月 14 日、20 日投案。两人于 2023 年 10 月 16 日各自退回其违法所得。

"律师说法"案例集（8）

【判决结果】

被告人林某犯开设赌场罪，判处拘役六个月，并处罚金人民币6000元。

【律师解读】

《中华人民共和国刑法》第三百零三条规定：以营利为目的，聚众赌博或者以赌博为业的，处三年以下有期徒刑、拘役或者管制，并处罚金。开设赌场的，处五年以下有期徒刑、拘役或者管制，并处罚金；情节严重的，处五年以上十年以下有期徒刑，并处罚金。

有抽头渔利行为，并不必然就一定构成开设赌场罪。《最高人民法院、最高人民检察院关于办理赌博刑事案件具体应用法律若干问题的解释》第一条规定："以营利为目的，有下列情形之一的，属于刑法第三百零三条规定的'聚众赌博'：组织3人以上赌博，抽头渔利数额累计达到5000元以上……"由此可见，赌博罪构成要件中的"以营利为目的"，除了通过在赌博活动中取胜进而获取财物的目的外，还可以包含通过抽头渔利或者收取各种名义的手续费、入场费等获取财物的目的。换言之，行为人有无抽头渔利行为，并不是开设赌场罪与赌博罪的本质区别，因为在聚众赌博中也可以有抽头渔利行为。

聚众赌博型赌博罪与开设赌场罪在组织、招引他人参与赌博以及本人从中抽头渔利等行为方式上有相同之处，但二者主要区别在于：聚众赌博中参与人员一般具有稳定性，即往往系相互熟悉的一群人之间赌博，而开设赌场中参与人员相对更具开放性，很多参与赌博的人并不一定与开设赌场的人认识熟悉；聚众赌博一般知晓范围小，不对社会公开，而开设赌场则可能扩散到较大的知晓范围；聚众赌博往往场所不具有固定性，不具有经营性，而开设赌场一般赌博场所相对固定，经营方式相对开放。

本案中，林某的行为属于以营利为目的开设赌场抽头渔利，因其与王某等人合伙在浙江省某县叶某住处、某棋牌室等处摆设赌场，由此可见其开设赌场中参与人员相对更具开放性，其行为已触犯我国刑法，构成开设赌场罪。林某主动投案、如实供述且认罪认罚，退出个人违法所得，法院应当依法予以从轻处罚。林某有因开设赌场而被判刑的前科，属于累犯，应当酌情从重处罚，且不能适用缓刑。

75. 法定代表人涉嫌职务侵占罪，为何未批准逮捕？

□ 刘园园

【案情简介】

孙某为某公司占股10%的股东，任法定代表人。

因公司大股东刘某与孙某有矛盾，刘某向公安部门控告孙某涉嫌职务侵占公司财产，刘某将公司财务会计流水情况制作成了审计报告，涉及金额过千万元。

2021年11月16日，孙某被警方刑事拘留，家属委托北京市盈科律师事务所刘园园律师为孙某进行刑事辩护。

【处理结果】

某区检察院对孙某作出不予批准逮捕决定。

【律师解读】

律师接受委托后，当即对孙某进行了刑事会见，第一时间递交检察院《取保候审申请书》和《不予批准逮捕的法律意见书》，并与承办检察官多次电话沟通，最终案件取得了理想结果。

辩护律师在征求办案机关同意的情况下，与刘某协商和解事宜，但由于刘某和解条件较苛刻未达成和解，辩护律师通过会见和向办案机关阐述、沟通本案细节，洗脱了孙某的犯罪嫌疑，成功取保候审。

辩护人认为孙某情况符合不予批准逮捕的条件，主要从以下几个方面阐述：

一、从客观上讲，孙某没有职务侵占的行为

第一，在公司成立之际，孙某经常为了公司利益从自己账户内支出多笔费用，出于公司经营考虑，孙某并未向公司主张返还过这些款项。在公司成立之后，为了公司的项目经营，孙某在向公司财务人员请示并经公司审批之后，相关款项才会从公司账户转入孙某个人账户，主要用途也是公司项目，此事公司的其他员工均能作证。据孙某所述，公司向其打的每一笔款项，都是用于公司的项目运营，从未侵占过或挪作他用过。

第二，孙某每次出差形成的差旅费，公司都会据实报销打入孙某个人账户内，孙某并无侵占公司备用金的行为。

第三，公司虽然没有专门的财务制度，但公司财务人员系刘某聘请，和刘某关系十分熟稔，如公司财务账目不对，不排除刘某的嫌疑。

第四，2021年3、4月份，公司就断缴了孙某的五险一金。目前，孙某与公司是否存在劳动关系，尚不确定，职务侵占罪的构成要件要求"利用职务上的便利"，孙某与公司之间如不存在劳动关系，则案件如何定性还未可知。

二、从主观上讲，孙某并没有职务侵占的主观故意

公司成立之际孙某即是法定代表人，公司成立期间的一切花费和公司成立之后的运营花费，很多都是用孙某个人账户垫付的，可以说孙某经常为了公司运营，个人倒贴钱进去，更谈不上会为了一己之私而侵占公司财产。且在会见孙某时，辩护人问其是否有将公司财产非法占为己有的目的，孙某均陈述绝对没有，公司的钱款打到孙某个人账户都是为了公司业务进行的预支，孙某收到款项之后都用于公司经营，主观上没有任何侵占的非法目的。

三、所谓的审计报告或鉴定存疑

侦查部门掌握公司财务会计报告，但该报告内容材料并不全面，仅有部分公司给孙某的打款记录，但对孙某向外支出的记录并没有完全掌握。

四、目前的国家政策表明：公安部门应严禁将经济纠纷当刑事犯罪处理，应加强保护民营企业家的利益

本案只是两个股东之间的个人矛盾，且孙某系公司法定代表人，为最大限度减少该案对企业正常生产经营活动的影响，应严格掌握入刑标准，防止把经济纠纷作为刑事犯罪处理。

综上，孙某具备《中华人民共和国刑事诉讼法》第六十七条规定的取保候审的条件，某区检察院最终采纳了律师的意见，对孙某不予批准逮捕并取保候审，委托人很满意案件结果。

76. 公司员工涉嫌职务侵占罪，检察院为何不起诉？

□ 代现峰

【案情简介】

2019年3月至6月间，戴某某利用其担任北京某餐饮有限公司王府井店服务员的职务便利，伙同程某某（另案处理），通过让客人扫微信、支付宝收付款二维码的方式，共同侵占公司经营款共计人民币11万余元。其中，戴某某个人非法所得3万余元。

戴某某于2019年11月12日向北京市公安局东城分局经侦支队投案，赃款已退赔。

戴某某多方咨询，最终委托代现峰律师辩护。

【处理结果】

北京市某区人民检察院决定对戴某某不起诉。

【律师解读】

代现峰律师接受委托，为戴某某提供辩护。起初，公司方以戴某某作

"律师说法"案例集（8）

为成年人，伙同未成年人犯罪，主观恶意较大为由拒绝向其出具谅解书，而公司方是否同意出具谅解书在很大程度上影响着戴某某案件的后续走向。代律师在了解到这一情况后，多次前往公司方与相关负责人进行积极的沟通与协调，耐心释理说法，并代表戴某某向公司方进行赔礼道歉、退赃退赔等一系列工作，最终取得了公司方的谅解，并同意向戴某某出具谅解书，这也是后来检察院认定戴某某属于犯罪情节轻微的重要考量因素之一。本案主要涉及职务侵占罪、犯罪情节轻微、酌定不起诉的认定问题。

一、关于职务侵占罪的认定问题

《刑法》第二百七十一条的规定，职务侵占罪是指公司、企业或者其他单位的工作人员，利用职务上的便利，将本单位财物非法占为己有，数额较大的行为。

本罪的构成要件包括：

1. 主体要件：本罪的主体为特殊主体，是指公司、企业或者其他单位的人员。本罪的主体仅指自然人，且该自然人还应具备在非国有公司、企业或者其他单位中主管、经手、管理本单位财物这一特定身份。

2. 主观要件：本罪在主观方面是故意，并且具有非法占有公司、企业或其他单位财物的目的，即行为人妄图取得对本单位财物的占有、处分、收益的权利，且不具有偿还的主观意图。

3. 客体要件：本罪的客体是公司、企业或其他单位的财产所有权。

4. 客观要件：（1）行为人利用了其职务上的便利。此处的职务应扩大解释，泛指具有主管、经手或者管理单位财物的情形；（2）行为人实施了将本单位财物非法占为己有的行为。行为人利用基于合法事由在特定时间内对本单位的财物具有事实上的控制权、支配权的便利，将合法占有变为非法占有。其中，包括作为和不作为。

本案中，戴某某利用其担任公司服务员的职务便利，伙同他人通过让客人扫微信、支付宝收付款二维码的方式，共同侵占公司经营款的行为构成职务侵占罪。

二、关于犯罪情节轻微的认定问题

《刑法》第三十七条的规定，对于犯罪情节轻微不需要判处刑罚的，可以免予刑事处罚，但是可以根据案件的不同情况，予以训诫或者责令具结悔过、赔礼道歉、赔偿损失，或者由主管部门予以行政处罚或者行政处分。

犯罪情节轻微应依照下列标准来认定：

1. 行为人在主观上恶意较小；
2. 客观上犯罪行为的社会危险性较轻微；
3. 使用的犯罪工具、犯罪时间、地点等不具有明显犯意；
4. 悔罪态度良好；
5. 具有退赃、自首、立功等情节。

本案中，戴某某的主观恶意及犯罪的社会危险性较小，其案发后主动投案且积极退赃，构成犯罪情节轻微。

三、关于酌定不起诉的认定问题

《刑事诉讼法》第一百七十七条的规定，对于犯罪情节轻微，依照刑法规定不需要判处刑罚或者免除刑罚的，人民检察院可以作出不起诉决定。

据此可知，酌定不起诉必须同时具备两个条件：

1. 犯罪嫌疑人的行为已经构成犯罪，应当负刑事责任；
2. 犯罪行为情节轻微，依照刑法规定不需要判处刑罚或者免除刑罚。

本案中，戴某某的行为已经构成职务侵占罪，但其犯罪情节轻微，依照刑法规定不需要对其判处刑罚，因此检察机关对其作出不起诉的决定完全符合法律规定。

综上所述，经过代现峰律师与检察机关的多次沟通，检察机关以戴某某犯罪情节轻微，不需要判处刑罚为由，最终对戴某某作出不起诉的决定，依法维护了当事人的合法权益。

77. 杨某受贿五百多万，为何减轻处罚？

□ 高 庆

【案情简介】

杨某于2001年至2016年在担任某区党委书记兼管委会主任、某县委书记、某市副市长等职务期间，利用职务上的便利，在土地买卖、工程建设等方面为相关企业或个人提供帮助，收受周某、江某全、杨某、谢某等13人财物共计527.96万元。2019年8月15日，杨某主动向四川省纪委监委投案，退缴全部涉案款。

杨某利用职务便利，为他人谋取利益，应以受贿罪追究刑事责任，但结合杨某的自首、认罪认罚、退缴全部赃款的情节，公诉机关提出对其从轻、减轻处罚。

【判决结果】

判处杨某有期徒刑五年六个月，并处罚金人民币50万元。

【律师解读】

《最高人民法院关于常见犯罪的量刑指导意见》中提出，对于自首情节，综合考虑自首的动机、时间、方式、罪行轻重、如实供述罪行的程度以及悔罪表现等情况，可以减少基准刑的40%以下，以体现刑法宽严相济的政策，体现刑法不仅具有通过刑罚惩罚犯罪的功能，也具有引导与教育犯罪者自我改造的鼓励、教育作用。

刑法是规定犯罪及其刑罚的法律后果的法律规范的总和，刑罚的首要功能就是对犯罪者的惩罚功能，这是刑法规定的各种刑罚的共性，惩罚包括剥夺犯罪者的自由、生命、政治权利、部分或全部经济利益等。相应地，针对被害者及被害者家属，刑罚具有安抚与补偿功能，在受到侵害时，被害人及家属由于害怕、气愤等各种心理活动，希望犯罪者能够被绳之以法并受到刑罚惩罚的，以感受到公平正义，达到心理上的平衡。通过对犯罪者执行刑罚以使被害者及被害者家属产生受到安慰、抚慰的心理，体现了刑罚的安抚、补偿作用。

刑罚作为控制、防卫犯罪的手段，对社会的其他成员同样发挥着积极的社会作用。首先，刑罚具有剥夺、限制生命、自由、财产权益的国家强制力，因而对社会成员具有威慑功能。同时，在公开对犯罪者执行刑罚时，不仅对社会成员产生威慑，还对社会成员起到教育作用，具有教育功能。其次，刑罚还具有鼓励作用，一方面是对遵纪守法的公民行为的肯定与激励，强化守法公民的法律意识，另一方面也对违法犯罪人自首、积极认罪认罚、改造具有鼓励作用。

当然，刑罚的社会功能不都是积极的，刑罚的社会功能也具有局限性，即消极的社会功能。刑罚作为社会管理的手段之一不断在发展，而犯罪行为也随之在发展。

对犯罪人来说，限制或消除其再次犯罪的刑罚措施存在局限性，一方面体现在刑罚执行的暂时性，刑罚的执行时间具有严格限制，一旦限制自由的刑罚执行完毕，犯罪人就具有再次实施犯罪的条件；另一方面，部分具有严重对抗情绪的犯罪人，刑罚并不能够对其起到良好的改造作用，甚至在被执行刑罚后部分犯罪人会产生蔑视法律、厌恶社会的心理，激起再次犯罪的报复心理。

综上，在运用刑罚时必须把握刑罚的积极社会功能和消极社会功能，使刑罚能够最大限度地发挥其积极的社会功能。

第三部分 公司法篇

78. 知名产品注册商标被擅用，如何维权？

□ 汤学丽

【案情简介】

B公司是全球最大的中文搜索引擎公司，自2017年起分别在"扬声器音箱、具有人工智能的人形机器人、教学机器人"等商品上申请并取得"小凤""小凤机器人""小凤在家"等系列商标专用权。小凤机器人于2014年首次亮相并通过大型晚会及活动被公众知晓，小凤在家智能音箱2018年、2019年的出货量屡次登上中国市场第一的地位，"小凤"系列注册商标具有较高市场知名度及影响力。

2020年，B公司发现M公司在某平台开设智能设备专营店并在店内销售"AI智能对话机器人、音箱、教学机"等10余款智能产品，而其产品词条中直接使用了"小凤""小杜"字样，部分产品更是直接以较大字体使用"小凤AI智能音箱机器人"推广。

B公司认为M公司上述使用方式损害"小凤"系列注册商标专用权，委托盈科汤学丽律师、刘云佳律师向法院提起诉讼，请求法院判令M公司停止侵权并赔偿B公司经济损失及维权合理支出100万元。

【判决结果】

一审判决：

认定被告M公司侵害原告B公司注册商标专用权，责令被告M公司停止侵权并赔偿原告B公司经济损失及合理支出共计80万元。

被告M公司不服一审判决，提起上诉。

二审判决：

驳回上诉人M公司上诉请求，维持原判。

"律师说法" 案例集（8）

【律师解读】

汤学丽律师、刘云佳律师代理了本案侵权线索排查、取证及诉讼全流程，以此总结知名智能产品注册商标在维权及提高赔偿额方面的注意事项。

第一，M公司将B公司注册商标作为其产品销售推广使用的词条，根据《商标法》第五十七条第二款规定，未经商标注册人的许可，在同一种商品上使用与其注册商标近似的商标，或者在类似商品上使用与其注册商标相同或者近似的商标，容易导致混淆的行为属于侵害商标权。尤其在网络环境下，词条中的词汇更是网络用户在平台检索定位产品的关键词汇及第一首选方式，商标权利人发现此种侵权行为后应及时制止，以免出现产品流量转移及消费者混淆误认的风险。

第二，此类案件在权利人的损失或者侵权人获得的利益方面难以固定，多通过"法定赔偿"请法院酌情判罚。为提高赔偿额则需在多个角度为法庭作出的高赔偿提供认定基础。具体到本案中：首先，我方提交了权利商标持续多年在先推广的材料，不仅证明原告推广在先，且原告的知名度也达到了侵权方应知晓的证明目的。其次，我方提交相关材料证明原告以自身超百万网络销量奠定知名度及传播度。最后，在购物评价中筛查出消费者已将侵权标识与权利商标产生误认的记录，证明被告实际造成的侵权事实及负面影响。

因电子商务平台的发展及智能产品于网络环境更新及交易的便利，网络平台已发展成为知识产权维权的重要战场。权利人应注意对包括电子商务平台在内的网络环境中擅用自身商标、假冒自身产品等侵权行为做好长期监控，在发现他人侵权行为后及时取证，在适当时机进行维权并为取得高赔偿额从多角度奠定基础。

79. 认缴出资股东转让股权后，为何判决承担责任？

□ 曲衍桥

【案情简介】

2017年2月27日，X公司成立，股东为万某、朱某（二人为姻亲关系），注册资本500万元，万某认缴300万元，朱某认缴200万元，出资期限至2046年2月27日。

2019年7月6日，Y公司和万某因合同纠纷（万某系保证人）被Y公司诉至法院。

2019年8月13日，朱某将其股份全部转让给万某，并完成工商变更登记。

2019年9月9日，北京某法院判决X公司向Y公司清偿债务并支付逾期利息，万某对上述债务承担连带清偿责任。

该判决书生效后，Y公司申请了法院强制执行。执行终本后，Y公司向法院申请追加原股东朱某为被执行人。北京某法院裁定驳回了Y公司的追加申请。Y公司不服，遂向法院提起执行异议之诉。

【判决结果】

一审判决：
驳回原告Y公司的全部诉讼请求。
Y公司不服一审判决，提起上诉。
二审判决：
被上诉人朱某在200万认缴出资范围内对上诉人Y公司债务承担补充赔偿责任。

"律师说法"案例集(8)

【律师解读】

一审法院和二审法院对"股东出资加速到期"的认定是一致的,唯一的区别就在于对"未依法履行出资义务即转让股权"的认定。

《最高人民法院关于适用〈中华人民共和国公司法〉若干问题的规定(三)》第十八条第一款规定,有限责任公司的股东未履行或者未全面履行出资义务即转让股权,受让人对此知道或者应当知道,公司请求该股东履行出资义务、受让人对此承担连带责任的,人民法院应予支持;公司债权人依照本规定第十三条第二款向该股东提起诉讼,同时请求前述受让人对此承担连带责任的,人民法院应予支持。

律师认为,本案中朱某属于"未依法履行出资义务即转让股权",应当追加为被执行人,具体分析如下:

1. 股权转让时间在债务形成之后。涉案债务起诉时间(到期时间)是 2019 年 7 月 6 日,朱某转让股权时间是 2019 年 8 月 13 日。

2. 原股东转让股权时对公司债务知情,股权转让系恶意。朱某向万某转让股权的行为发生于 X 公司与 Y 公司诉讼期间,X 公司与万某对诉讼情况系属知晓,并在诉讼中对债务明确表示认可。在朱某为公司股东且其与万某为姻亲关系的情况下,其表示转让时对公司存在法律纠纷情况不知情,该主张并不合理。朱某在客观上存在于执行程序中被追加为被执行人之可能性的情况下,向万某转让股权,其行为难言善意。

3. 股权转让没有支付对价。朱某系将其持有 X 公司的认缴出资额 200 万元无偿转让给了万某,其无偿转让的行为与一般市场交易习惯不符。

4. 受让股东本身不具备清偿能力。本案中,万某自身亦存在未清偿生效判决所确认的其他债务的情况,故朱某向万某转让股权的行为明显增加了公司注册资本实缴到位的风险,有损公司债权人利益。

对"未依法履行出资义务即转让股权"的认定,《变更追加规定》及《公司法司法解释三》均未予以明确,所以司法实践存在较大争议,但是律师认为,要平衡好股东期限利益和债权人的权益:在原则上肯定认缴制下原股东享有出资期限利益,如果原股东明知公司存在资不抵债、无法清偿债务的情况下，仍旧恶意转让未届期未出资的股权、逃废出资义务，应当认定为"未依法履行出资义务即转让股权"，可以依法追加原股东为被执行人，要求原股东在认缴出资的范围内承担责任。

80. 公司无财产追加股东并执行，法院如何判决？

□ 张学琴

【案情简介】

2015年3月10日，B公司成立，注册资金为100万元。公司类型为一人有限责任公司，股东甲某为B公司发起人，未实缴出资。

2016年3月至8月，A公司向B公司销售49万元的钢材。2018年2月，双方签署结算单，B公司尚欠A公司货款35万元。

2018年2月，A公司起诉，要求B公司支付欠款。2020年8月，北京某法院作出Q001号民事判决。判决生效后，A公司申请强制执行，执行过程中发现B公司无财产可供执行，法院终结本次执行。

2018年12月，甲某为逃避公司债务，将全部股权转让给其在同一户籍地址的年迈且完全不具备履行能力的公公乙某。在执行中，A公司向法院申请追加甲某为被执行人，但未获准许。

2022年10月，截至执行终本时，甲某仍担任B公司监事一职。

A公司多方咨询，最终委托张学琴律师代理。A公司提起执行异议之诉，诉求：判令追加被告甲某为P002号执行案件的被执行人，在其未出资范围内对Q001号民事判决确认的第三人B公司债务35万元及迟延履行期间债务利息承担补充赔偿责任。

【判决结果】

追加被告甲某为P002号案件的被执行人，以认缴执行出资100万元为

"律师说法" 案例集(8)

限,对 Q001 号民事判决书确认的第三人 B 公司应承担的债务承担补充赔偿责任。

【律师解读】

《全国法院民商事审判工作会议纪要》第二条规定,公司作为被执行人的案件,人民法院穷尽执行措施无财产可供执行,已具备破产原因,但不申请破产的,原股东出资义务应当加速到期,债权人请求未届出资期限的股东在未出资范围内对公司不能清偿的债务承担补充赔偿责任的,人民法院应当予以支持。

本案中,在 A 公司与 B 公司债权债务确认时,甲某明知在未实缴出资的情况下,将股权全部转让给不具备履行能力的公公乙某,B 公司不再经营,甲某新设公司继续经营。甲某明显恶意逃避债务、转移财产,滥用股东权利损害债权人 A 公司的信赖利益。P002 号执行案件中已经查明,因 B 公司无财产可供执行且已执行终本,具备破产原因,在 B 公司未申请破产的情况下,甲某实缴出资义务应当加速到期,对 B 公司欠付款项在尚未缴纳出资的范围内承担补充赔偿责任。

《最高人民法院关于民事执行中变更、追加当事人若干问题的规定》第二十条规定:"作为被执行人的一人有限责任公司,财产不足以清偿生效法律文书确定的债务,股东不能证明公司财产独立于自己的财产,申请执行人申请变更、追加该股东为被执行人,对公司债务承担连带责任的,人民法院应予支持。"

《中华人民共和国公司法》第二百〇八条规定:"公司应当在每一会计年度终了时编制财务会计报告,并经会计师事务所审计。"第二十三条规定:"只有一个股东的公司,股东不能证明公司财产独立于股东自己的财产的,应当对公司债务承担连带责任。"

本案债权形成于甲某作为 B 公司的股东期间,B 公司、甲某未能提交每一会计年度经会计事务所审计的财务会计报告,未能证明其个人财产与公司财产独立,故甲某应承担举证不能的不利后果,符合追加甲某作为被执行人的条件。

一审法院采纳了张学琴律师的代理意见，判决支持了 A 公司的诉求。追加股东后，查封两个车位、扣押一个车辆（价值 100 多万元），在准备拍卖车位及车辆的过程中，甲某主动、全部履行了执行金额。

81. 加工定做设备产品不合格，是否可以解除合同？

□ 侯蒙莎

【案情简介】

2022 年 8 月 22 日，A 公司作为甲方、B 公司作为乙方签订《设备加工定作合同》。合同第一条约定，合同标的物为旋转盒式包装机（含模具）一台，总价 176000 元。合同第三条约定，交货地点为买方公司，交货时间为 25 个工作日。合同第四条约定，在本合同签订之后，买方向卖方支付旋转盒式包装机总价款的 50% 作为定金，即人民币 88000 元，卖方按照要求加工；设备生产完毕买方向卖方开具剩余 50% 货款即人民币 88000 元的支票，卖方按照要求发货。合同附件约定，产品类型为根据客户要求；产量为每小时产量约 1400—1800 盒；本设备带有抽真空、封口功能，带有自动充气、自动进盒、自动出盒、自动定量灌装、可换模具、自动喷码装置等。合同附件还对技术参数、产品配置、性能说明等进行了约定。

2022 年 8 月 24 日，A 公司向 B 公司支付货款 88000 元。2022 年 9 月 24 日，B 公司将设备运送至 A 公司，A 公司未向 B 公司出具验收单或收货单。A 公司在使用设备过程中发现问题，2022 年 9 月 30 日，邱某（A 公司法定代表人）到 B 公司处协商出现的问题。同日，B 公司将设备拉回公司，准备更改模具。

2022 年 10 月 17 日，A 公司向 B 公司发送设备退货通知函，B 公司于当日收到该通知函。该通知函载明，A 公司以 B 公司延期交货，设备安装调试时间过长，设备在使用过程中事故频发、存在严重质量问题、造成严重浪费，且双方沟通存在障碍等为由通知 B 公司，要求退货、返还款项并

"律师说法" 案例集 (8)

赔偿损失。B公司并未回函，A公司于2022年11月诉至法院请求B公司返还货款并赔偿损失。

【判决结果】

一审判决：

一、被告B公司返还原告A公司货款88000元；

二、被告B公司赔偿原告A公司损失104352元；

三、驳回原告A公司的其他诉讼请求。

被告B公司不服一审判决，提起上诉。

二审判决：

驳回上诉人B公司的上诉，维持原判。

【律师解读】

本案的焦点在于A公司是否有权解除《设备加工定作合同》。

《民法典》第五百六十三条第一款第四项规定，当事人一方迟延履行债务或者有其他违约行为致使不能实现合同目的，当事人可以解除合同。

《民法典》第五百六十六条规定，合同解除后，尚未履行的，终止履行；已经履行的，根据履行情况和合同性质，当事人可以请求恢复原状或者采取其他补救措施，并有权请求赔偿损失。

A公司与B公司签订的《设备加工定作合同》，系双方当事人的真实意思表示，且未违反法律、行政法规的强制性规定，不违反公序良俗，为有效合同，双方均应当按照合同的约定以及相关的法律规定行使权利、履行义务。合同签订后，A公司按约支付款项88000元。B公司于2022年9月24日将设备运送至A公司进行安装，未进行调试，在B公司员工跟随生产的情况下，生产的产品不合格。2022年9月30日，B公司将设备拉回公司进行整改。整改过程中，经A公司多次催促，B公司均未及时交付设备。由此可见，B公司对A公司因订单原因对案涉设备需要的紧迫性是明知的。B公司承揽加工的设备在运送到A公司处时，双方未对设备进行验收，亦未对设备进行调试。跟产过程中，双方发现设备存在质量问题，便协商进行整改,实质上双方对协议的履行内容特别是履行期限已达成新的意向,但 B 公司仍未在约定的期限内交付设备,构成根本违约。

综上,A 公司经多次催告无果后通知 B 公司解除合同,符合法律关于合同解除的法定条件,根据法律规定,当事人一方依法主张解除合同的,应当通知对方,合同自通知到达对方时解除。

82. 损害作品信息网络传播权案件,电信运营商为何胜诉?

□ 汤学丽

【案情简介】

SN 公司经授权获得中国境内某赛事公共信号、广播权和网络视频权、互联网直播权和信息网络传播权,有权独立以自己的名义在以上授权环境下追究非法使用授权内容侵权者的法律责任并获得全部赔偿。

在公证员见证下,该公司代理人在某市某小区室内通过遥控器操作电视机进入 IPTV 页面,查找、选择并对前述赛事内容进行了播放。SN 公司认为 LT 公司运营的 IPTV 平台传播涉案赛事节目损害其作品信息网络传播权,遂诉至互联网法院,请求法院判决 LT 公司赔偿其经济损失及维权合理支出共计 50 万元。

LT 公司委托北京市盈科律师事务所汤学丽律师团队史季群、刘云佳作为其代理人参与应诉,两位律师梳理案情、实地勘验后向法院申请追加 AS 电视公司为共同被告,以期证明在本案具体 IPTV 业务的工作流程中以及在涉案被控侵权行为中 LT 公司实际仅提供自动传输技术服务的事实。

【判决结果】

一审判决:

认定被告 LT 公司不应承担侵权损害赔偿责任,驳回原告 SN 公司对被

"律师说法" 案例集（8）

告 LT 公司的诉讼请求。

SN 公司不服一审判决，提起上诉。

二审判决：

驳回上诉人 SN 公司的上诉请求，维持原判。

【律师解读】

本案所涉信息网络传播的平台为 IPTV，指交互式网络电视，是我国三网融合政策下的产物。近年来，涉及 IPTV 平台对各类赛事、节目或剧目关于直播、点播、回看等方式的著作权案件屡屡发生。随着此类案件在全国各地的频发，法院对涉 IPTV 业务的分工逐渐明晰。

（2021）最高法民申 5951 号民事裁定书指出："在涉及 IPTV 案件中，如果在案证据能够证明，电信企业与广播电视播出机构按国家政策及规范性文件的要求签订并严格履行了 IPTV 业务合作合同，且被诉侵权内容不由电信企业提供，鉴于电信企业既未提供被诉侵权内容，又对集成播控平台中的具体内容无控制权，可以认定电信企业仅提供了 IPTV 业务的信号传输和技术保障服务，电信企业不承担停止侵权、赔偿损失等侵权责任"。北京高院也在《知识产权审判参考问答（24）》中明确了此审判观点。

两位律师向法院提交了 IPTV 业务合作合同、履行情况及涉案赛事视频截图，证明 LT 公司仅按照政策规定及合同严格履行信号传输和技术保障服务，涉案具体内容非自身提供且对涉案内容也无控制权。另外，通过沟通争取将业务合作的他方追加为共同被告，该被告通过庭审及书面文件也明确了 LT 公司在涉案赛事视频传播过程中的身份，使法院更快地明晰各主体在案涉被控行为中的作用。

最终法院查明案件事实，作出 LT 公司不构成侵权及无需承担赔偿责任的裁判。

83. 暴雷开发商的商票无法兑现，如何有效实现债权？

□ 胡克丽

【案情简介】

A 公司常年与 B 公司存在《购销合同》，A 公司是供货方，B 公司是采购方。

2021 年，B 公司在结款时使用商票进行付款，该商票出票日期为 2021 年 10 月 20 日，汇票到期日 2022 年 10 月 19 日。商票到期后，银行提示付款，A 公司申请付款，结果该商票被拒绝兑付。

后 A 公司仔细查阅该商票，发现该商票出票人为某知名暴雷房企，且中间被多次背书，前手为公司 C、D、E、F，最终由 A 公司"背锅"。

A 公司一时不知所措，不愿数十万货款打水漂，多方咨询律师，最终委托胡克丽律师团队介入，解决此争议。

【判决结果】

一、被告 B、C、D、E、F 公司七日内连带全额支付原告 A 公司票据款；

二、被告 B、C、D、E、F 公司七日内连带向原告 A 公司支付被拖欠票据款的利息，以票据到期日开始计算至实际支付之日止，按全国银行间同业拆借中心公布的同期贷款市场报价利率标准计算。

【律师解读】

票据纠纷不同于一般诉讼，主要法律依据是《中华人民共和国票据法》（以下简称《票据法》），有较强的商业性、专业性及更多的时间限制，稍有不慎将导致维权困难重重。因此，更需要律师的尽早介入，进行专业指导与建议，降低法律风险，尽快拿回款项。

A公司是第一次遇到此类纠纷，又因为出票人是著名的暴雷房企，十分担心货款无法追回，多方咨询，后续在朋友处得知胡克丽律师团队擅长处理票据纠纷，听了胡克丽律师的专业法律意见后，A公司决定委托。

一、涉案票据存在合法的债权依据，且到期无条件付款

虽然商票明确注明"到期无条件付款"，但实务中，法院一般会审查票据是否存在合法的债权依据。

结合本案，A公司与B公司存在合法的《购销合同》，且根据该合同，B公司应当向委托人支付货款，却给了A公司一个无法兑现的商票，有违诚实信用原则。此《购销合同》就是A公司取得票据权利的合法债权依据，B公司当然应当对该商票承担票据责任。

二、A公司有权向票据的所有前手主张权利

根据《票据法》的规定，汇票到期被拒绝付款的，持票人可以对背书人、出票人及汇票的其他债务人行使追索权。汇票的出票人、背书人、承兑人和保证人对持票人承担连带责任。因此，虽然涉案票据出票人是已经暴雷的房企，但基于《票据法》相关规定，A公司可将维权的重心放在有偿还能力的债务人上。在诉讼前期，胡克丽律师就已经指导A公司足额保全债务人的财产，完全不需要担心后期执行问题。

三、票据到期未兑现，A公司有权主张逾期利息

涉案票据到期后无法承兑，A公司依法追索所有的前手，仍未承兑，根据《票据法》第七十条："持票人行使追索权，可以请求被追索人支付下列金额和费用：（一）被拒绝付款的汇票金额；（二）汇票金额自到期日或者提示付款日起至清偿日止，按照中国人民银行规定的利率计算的利息……"即本案被告公司除了应当连带承担票据责任外，还应当支付A公司相应的利息损失。

票据纠纷不同于一般的商事纠纷，所依据的法律依据不再是大家熟悉的《民法典》或《公司法》，因此在处理此类纠纷时应当委托专业律师介入处理。此外，票据纠纷涉及很多关于票据的专业知识，在每一个重要的时间节点，都需要权利人做出相应的意思表示，若少了其中一步或逾期，

将导致后续维权困难重重，甚至将导致很难向某些有还款能力的前手追偿，这样可能会让本来可以实现的票据成为废纸。事实上，本案中 A 公司联系上胡克丽律师时，该票据马上就过诉讼时效了，胡克丽律师面对这样的情况当机立断，凭借以往的经验马上启动案件，同时申请财产保全程序，正是客户与律师的紧密配合，案件才取得最终的胜利。

84. 公司高管违反竞业禁止义务，为何被判刑？

□ 侯蒙莎

【案情简介】

2010 年 9 月至 2013 年 10 月，陈某伙同苑某，经事先预谋，利用陈某担任 A 集运公司副总经理分管亚太部、欧洲部的职务便利，与该司时任欧洲部部长吕某、美洲部部长李某以及朋友张某等人商议，共同出资成立了 B 公司并实际参与经营管理。

期间，陈某利用其对日本、欧洲等其主管航线具有运价制定、调整优惠档次等审批权的职务便利（特别是对占 B 公司主体经营地位的日本航线，陈某具有运价的最终审批权），违规审批给予 B 公司（其中 2010 年 9 月至 2011 年 11 月期间，B 公司以挂靠 C 公司名义开展业务）较其它货代公司更为优惠的特殊运价或者更高的操作费返还，使得 B 公司在货运市场上得以凭借较强的运价优势大量揽货，并逐渐成为 A 集运公司日本航线的主要货代客户，从而获取高额非法利益。

案发后，经会计师事务所鉴定，2010 年 9 月至 2013 年 10 月间，B 公司共计非法盈利人民币 7009941.69 元。

2013 年 11 月 7 日，苑某在 B 公司经营地被公安人员抓获；同年 11 月 13 日，陈某在 A 集运公司被公安人员抓获。2014 年 7 月 3 日，人民检察院向法院提起公诉，指控陈某、苑某犯非法经营同类营业罪。

"律师说法"案例集（8）

⚖【判决结果】

一、被告人陈某犯非法经营同类营业罪，判处有期徒刑四年六个月，并处罚金人民币一百万元；

二、被告人苑某犯非法经营同类营业罪，判处有期徒刑四年，并处罚金人民币八十万元；

三、追缴非法获得的利益予以没收。

⚖【律师解读】

《中华人民共和国刑法》第一百六十五条规定，非法经营同类营业罪，是指国有公司、企业的董事、监事、高级管理人员，利用职务便利，自己经营或者为他人经营与其所任职公司、企业同类的营业，获取非法利益的行为，其中数额巨大的，处三年以下有期徒刑或者拘役，并处或者单处罚金；数额特别巨大的，处三年以上七年以下有期徒刑，并处罚金。

关于非法经营同类营业罪的认定，对"同类营业"的准确理解乃系其中关键。无论是从立法本意出发，还是就司法实践中的既往判例而言，非法经营同类营业罪要惩治的，都应当是违反《中华人民共和国公司法》所规定的、公司高管所负有的禁止从事与任职公司利益相冲突业务的竞业禁止义务的行为，故"同类营业"也应包括两种形态：一种是横向竞争关系，即行为人的兼营行为与其任职公司在市场机会、市场价格等方面进行竞争，也就是其任职公司生产、销售或服务什么，行为人就兼职生产、销售或服务什么，然后利用其职务便利将任职公司的商业机会交给兼营公司进行经营，从而获取非法利益。另一种是纵向竞争关系，即行为人利用职务便利，将其任职公司的销售、采购等上下游业务的商业机会交给自营或他营公司经营，自营或他营公司通过低价买入、高价卖出的方式获取本应属于任职公司的经营利润。

本案中，首先从工商资料来看，无论是 B 公司还是其挂靠的 C 公司，均与 A 集运公司在法定经营范围上存在一定的重叠性，即三者的经营范围内都包含了货运代理业务，具有形成同类营业竞争的法律可能性。其次，陈某利用职务便利一味给予 B 公司最优惠的低价，B 公司低价买入又高价倾销给其它货代公司，从中赚取了高额差价，无疑最终严重侵害了 A 集运公司本应获取的巨额利润，故两者之间形成了一种显而易见的纵向竞争关系，亦应认定为同类营业竞争关系。

除此之外，值得关注的是，《刑法修正案（十二）（草案）》第一条便在《刑法》第一百六十五条中增加"其他公司、企业的董事、监事、高级管理人员违反法律、行政法规规定，实施前款行为，致使公司、企业利益受到重大损失的，依照前款的规定处罚。"作为该条第二款，也即，将非法经营同类营业罪的犯罪主体从原有的"国有公司、企业的董事、监事、高级管理人员"扩大到了包括"其他公司、企业的董事、监事、高级管理人员"在内的公司高管层面。该草案已于 2024 年 3 月 1 日起正式施行，非国有企业经营过程中，董事、经理违反竞业禁止义务，从事同类营业，面临的便不再仅是被追究民事责任的最坏结果，而是也将有触犯刑法、被认定为犯罪继而被判处刑罚的风险，对企业、对个人都无疑将是致命打击。因此，建议企业、高管在经营中要逐步加强对刑事风险的掌控，对此进行重点关注。

85. 郑某与郭某签订的民办非企业单位股权转让协议，为何有效？

□ 岳广琛

【案情简介】

2010 年 3 月 2 日，A 市眼耳鼻咽喉医院经 A 市卫生局批准核发《医疗机构申请执业注册许可证》，经营性质为非营利性（非政府办），A 市眼耳鼻咽喉医院所使用的房屋所有权人为郑某。

2016 年 5 月，甲方郑某与乙方郭某，签订了《股权转让协议书》，约定甲方将其持有的医院 100% 的股权转让给乙方（包括现使用郑某名下所有房产、土地及设施设备），转让价格为 6516.2 万元人民币。郑某原有的 2000 万元贷款，自 2016 年 6 月 30 日起，贷款本金及利息由郭某予以

"律师说法" 案例集(8)

承担。

由于郭某未按期支付贷款本金及利息，郑某起诉：请求郭某继续履行《股权转让协议书》并支付违约金。郭某提出反诉：请求法院确认双方签订的《股权转让协议书》无效。

【判决结果】

一审判决：

一、确认原告（反诉被告）郑某与被告（反诉原告）郭某签订的《股权转让协议》无效；

二、原告（反诉被告）郑某于判决生效之日起十五日内返还郭某1300万元。

郑某、郭某不服一审判决，提起上诉。

二审判决：

一、撤销某市中级人民法院某号民事判决；

二、驳回上诉人郭某的诉讼请求；

三、驳回上诉人郑某的反诉请求。

【律师解读】

《医疗机构管理条例》第二十二条规定："《医疗机构执业许可证》不得伪造、涂改、出卖、转让、出借。"该规定禁止将医疗机构执业许可证单独转让、出卖等，而并未涉及医疗机构的投资权益是否可以整体转让的事宜。医院整体权益转让中涉及许可证登记事项的变更，不是该条例禁止的范围。

《民办非企业单位登记管理暂行条例》第十五条规定："民办非企业单位的登记事项需要变更的，应当自业务主管单位审查同意之日起30日内，向登记管理机关申请变更登记。民办非企业单位修改章程，应当自业务主管单位审查同意之日起30日内，报登记管理机关核准。"

《医疗机构管理条例》第十九条规定："医疗机构改变名称、场所、主要负责人、诊疗科目、床位，必须向原登记机关办理变更登记或者向原备案机关备案。"根据前述规定,作为民办非企业的医疗机构的场所、主要负责人等并非不能发生变更,只需依法履行必要的审批手续即可,未进行登记变更,并不直接导致合同无效。

本案中,双方签订的《股权转让协议书》虽然名为股权转让,但确定双方转让标的不能仅依据合同名称,还应结合合同的内容。《股权转让协议书》第一条约定转让标的为 A 市眼耳鼻咽喉医院现使用人郑某名下的房屋、土地产权及医院的全部股权。第三条约定有转让标的、费用交付方式及时间,郑某将其持有的目标医院 100% 的股权转让给郭某(包括现使用的郑某名下所有房产、土地及设施设备)等内容。上述内容虽然包含"股权"字样,但双方在签订合同时均知晓 A 市眼耳鼻咽喉医院系"民办非企业单位",非营利性企业法人,并不具有公司性质,亦不存在股权,因此目标医院 100% 股权的表述应当结合协议的其他内容予以理解。

《股权转让协议书》中并未明确将医疗机构执业许可证作为转让对象。经计算,转让的三处房产面积达 8000 余平,转让价格亦高达 2800 万元,即使认为医疗机构执业许可证系医院经营资质成为转让对象,双方之间也并非单纯的买卖或出让医疗机构执业许可证,双方转让标的是整个 A 市眼耳鼻咽喉医院的转让,包括资产的所有权、医院的经营权等整体权益。

综上,《股权转让协议书》及《股权转让协议补充条款》并未违反法律、行政法规之规定,应为有效。

86. 回购条款有效,为何驳回诉讼请求?

□ 侯蒙莎

【案情简介】

2011 年 8 月 11 日,A 公司与 B 公司签订《增资扩股协议》,A 公司认购 B 公司股份 300 万股,投资款总额为 900 万元,占增资后总股本的 3.05%,B 公司增加 A 公司为新股东。同日,A 公司、B 公司及 C 公司签订《补充协议》,其中约定:一、各方同意,如果截至 2012 年 9 月 30 日 B

"律师说法"案例集（8）

公司仍未实现在国内证券交易所公开发行股票并上市，则 A 公司有权要求 B 公司回购其持有的股份（亦有权不要求回购而继续持有股份），回购价格为 A 公司为取得该股份而向 B 公司增资的投资款总额 900 万元加上 15% 的年息（单利），计息期间为 A 公司支付投资款之日起至 B 公司支付回购价款之日止。B 公司应在 A 公司提出回购要求后 3 个月内完成回购。二、C 公司同意，如 B 公司不能履行上述回购义务，则 C 公司同意按照上述条款的约定收购 A 公司持有的股份，以保障 A 公司的投资退出。

2011 年 8 月 16 日，A 公司将投资款支付给 B 公司，但 B 公司至今未公开发行股票并上市。2014 年，A 公司向一审法院起诉，请求：一、B 公司支付股权回购价款 13275000 元［900 万元 +（900 万元 × 年息 15% × 38 个月）］；二、C 公司承担支付股权回购价款 13275000 元的连带责任。

【判决结果】

一审判决：

一、被告 B 公司一次性支付原告 A 公司股权回购价款 13275000 元；

二、被告 C 公司对上述款项承担连带责任。

被告 B 公司不服，提出上诉。

二审判决：

一、撤销一审判决；

二、驳回被上诉人 A 公司的诉讼请求。

被上诉人 A 公司不服，申请再审。

再审裁定：

裁定驳回申请人 A 公司的再审申请。

【律师解读】

一、关于案涉《补充协议》中的股权回购条款的效力问题

《补充协议》实际含有"对赌"条款的性质，在股权性融资协议中还安排了特定情形下股权回购内容的交易安排。对含有"对赌"性质条款的投资合同，法律并未作出否定性评价而一概认定为无效。《补充协议》签订于《中华人民共和国民法典》生效之前，故适用《中华人民共和国合同法》有关规定。如不存在《合同法》第五十二条规定的无效情形时，应当对《补充协议》的合同效力依法予以确认，也即《补充协议》中的股权回购条款合法有效。

二、关于 B 公司是否应履行股权回购义务的问题

B 公司至今未实现在国内证券交易所公开发行股票并上市，A 公司的预期投资目的未能实现，有权依照《补充协议》约定要求 B 公司进行股权回购。但《中华人民共和国公司法》第五十三条规定，公司成立后，股东不得抽逃出资；第一百六十二条规定，公司不得收购本公司股份。但是，有下列情形之一的除外：减少公司注册资本；第二百二十四条规定，公司减少注册资本时，应当编制资产负债表及财产清单。公司应当自股东会作出减少注册资本决议之日起十日内通知债权人，并于三十日内在报纸上或者国家企业信用信息公示系统公告。债权人自接到通知书之日起三十日内，未接到通知书的自公告之日起四十五日内，有权要求公司清偿债务或者提供相应的担保。

根据上述法律规定，为保护公司债权人利益，如履行股权回购约定，B 公司应按照《公司法》第二百四十条的规定，履行法定减资程序后方可履行回购约定。A 公司并无证据证明 B 公司相应减资程序已经完成，B 公司亦确认其减资程序尚未启动，B 公司因其不能违反资本维持原则而不能向 A 公司履行股权回购义务，构成法律上的一时履行不能。因此，对 A 公司主张 B 公司履行回购义务、向其支付股权回购价款的诉讼请求应当依法予以驳回。

三、关于 A 公司可否直接主张 C 公司承担连带责任的问题

A 公司针对 C 公司的诉讼请求为"在 B 公司不能履行回购义务时向 A 公司支付股权回购价款 13275000 元"。其诉求的该义务属于担保合同义务，而担保合同义务具有从属性，即履行担保合同义务的前提条件是主合同义务履行条件已成就。现 B 公司的减资程序尚未完成，股份回购的主合同义务尚未成就，故 C 公司的担保义务未成就，A 公司要求判令 C 公司承担责任的理由不成立，A 公司不得直接主张 C 公司承担连带责任。

第四部分 劳动法篇

87. 交通事故支付工伤赔偿后，能否主张车上人员责任险？

□ 鲁 蕊

【案情简介】

2016年3月25日，A公司为其所有的E号货车在阳光财险处投保《特种车车上人员责任保险》。保险合同第三十八条规定，保险期间内，被保险人或者其允许的驾驶人或操作人员在使用被保险机动车过程中发生意外事故，致使车上人员遭受人身伤亡，且不属于免除保险人责任的范围，依法应当对车上人员承担的损害赔偿责任，依照本保险合同的约定负责赔偿。第三十九条第一款规定，保险人依据被保险机动车一方在事故中所负的事故责任比例，承担相应的赔偿责任。车上人员（驾驶员、乘客）责任险保险金额均为600000元，保险期限自2018年5月12日至2019年5月11日。

2018年9月23日，A公司员工杨某驾驶E号货车发生交通事故，造成驾驶员杨某和押运员楚某受伤，杨某负事故全部责任。

2018年10月24日，杨某、楚某均被认定为工伤十级。2019年9月10日，杨某、楚某申请劳动仲裁，要求支付工伤待遇。2019年10月23日，A公司与杨某、楚某分别达成《仲裁调解书》，向杨某支付医疗费（1272.53元）、一次性伤残补助金等工伤待遇共计210000元，向楚某支付医疗费（1163.83元）、一次性伤残补助金等工伤待遇共计215000元。

2020年3月31日，A公司将上述款项支付完毕，依据车上人员责任险向阳光财险索赔，阳光财险拒赔，遂诉至人民法院。

【判决结果】

一、阳光财险支付A公司医疗费2436.36元；

二、驳回 A 公司的其他诉讼请求。

⚖️【律师解读】

本案争议的焦点 A 公司按照工伤保险待遇赔付给杨某和楚某后能否再要求保险公司支付车上人员责任保险金，笔者赞成法院的观点，"不可以"。

一、车上人员责任险依据的法律关系为侵权法律关系，而工伤法律关系并非侵权法律关系，A 公司依据工伤赔付并不属于车上人员责任险保障范围

首先，签订的保险合同第三十八条，有关责任定义的用词为"损害赔偿责任"。从文义解释角度而言，此处的赔偿责任仅指侵权赔偿责任，不包括被保险人基于其他法律关系支付的赔偿款。并且，从整体解释来看，保险条款第三十九条规定，保险人依据被保险机动车一方在事故中所负的事故责任比例承担相应的赔偿责任，该条款设计原理与基础即为侵权责任法律关系。综上，可以得出车上人员责任险保险责任的基础法律关系特指侵权责任关系。

其次，车上人员责任险并非分散用工风险的险种。A 公司不缴纳工伤保险，在支付工伤赔偿款后又依据车上人员责任索赔，其显然具有将车上人员责任险作为分散用工风险的保障目的。但是，不同的保险有不同的原理，保险利益也各不一样。车上人员责任险分散的是被保险人基于过错的侵权责任，第三者限定范围为车上人员，并不将用工关系作为保险责任的考量因素。因此，若用工单位分散用工风险，应缴纳工伤保险或者相应的与用工责任有关的保险。

缴纳工伤保险是用人单位的法定义务，工伤保险是社会保险的组成部分，属于强制性保险，目的在于分散用工风险，促进用工关系和谐。假若认定在此情况下保险人应承担责任，无疑架空了工伤保险的强制性属性，并且由于商业保险费率低等原因，将导致大量用工单位寻求用此种保险规避缴纳工伤保险，司法不应鼓励、支持和引导这种行为。

二、劳动者在因用人单位侵权遭受工伤事故后,只能按照工伤保险给付,不能依据侵权法律关系请求用人单位赔偿

《最高人民法院关于审理人身损害赔偿案件适用法律若干问题的解释》第三条规定,依法应当参加工伤保险统筹的用人单位的劳动者,因工伤事故遭受人身损害,劳动者或者其近亲属向人民法院起诉请求用人单位承担民事赔偿责任的,告知其按《工伤保险条例》的规定处理。

由此可知,劳动者在因用人单位侵权遭受工伤事故后,只能按照工伤保险给付,不能依据侵权法律关系请求用人单位赔偿。既然用人单位不会基于侵权承担责任,也就不能作为主体要求保险人赔付车上人员责任险。

三、本案判决保险人承担医疗费的裁判思路

此类案件中,保险人是否应当承担保险责任,司法实践中认为,保险人应在侵权责任和工伤保险责任竞合范围内承担责任。经查,本案中竞合部分仅为医疗费,庭审意见仅对医疗费认可也正是基于此种裁判思路。

88. 用人单位解除劳动合同,为何败诉?

□ 胡兴锋

【案情简介】

1990年4月24日,马某在A公司,先后任保安大队长、分公司常务副总经理、总经理助理兼保安员党支部书记等职务。2021年1月15日,马某因左上肢麻木经某社区卫生服务中心诊断,医生建议转诊医院进一步诊断、检查、治疗。马某向单位领导请假获准后转诊医院进行治疗。2021年1月18日,单位领导派人前往某社区卫生服务中心进行调查核实,查证属实。住院期间马某称仍在带病坚持工作并于2021年1月24日参加某社区党委换届选举大会。因医院床位紧张,经医生协调,马某于2021年1月26日在301医院住院治疗,住院十天后于2021年2月5日出院,医生建议休息1个月。

2021年2月8日,马某在出院后的第一个工作日准备联系单位领导提

"律师说法" 案例集（8）

交住院诊断证明书及出院介绍信，却收到单位闪送的《告知函》。单位告知马某因于2021年1月20日至2月8日已连续旷工15天，即日起解除劳动合同，双方已不再存在劳动关系。限马某在2021年2月11日之前将办公室内非公物品及时搬离，过期不搬离，视为自动放弃，单位将给予处理。

马某向某市某区劳动人事争议委员会提起仲裁。仲裁委裁决：A公司与马某于1990年4月24日至2021年2月8日存在劳动关系；A公司向马某支付2021年1月1日至2021年2月8日工资11851.95元；A公司向马某支付2019年3月10日至2020年12月31日未休年假工资28187.95元；A公司向马某支付违法解除劳动合同赔偿金1038169.54元。A公司不服裁决向法院提起诉讼。

【判决结果】

一审判决：

一、原告A公司与被告马某于1990年4月24日至2021年2月8日存在劳动关系；

二、原告A公司支付被告马某2021年1月1日至2021年2月8日工资4889元；

三、原告A公司支付被告马某2019年3月10日至2020年12月31日未休年假工资24542.5元；

四、原告A公司支付被告马某违法解除劳动合同赔偿金973400元。

原告A公司不服一审判决，提起上诉。

二审判决：

驳回上诉人A公司上诉，维持原判。

【律师解读】

《劳动合同法》第三十九条规定，用人单位单方解除劳动合同（过失性辞退）且不用支付经济补偿金或赔偿金的情形，主要包括以下几方面：（一）在试用期间被证明不符合录用条件的；（二）严重违反用人单位的规章制度的；（三）严重失职，营私舞弊，给用人单位造成重大损害的；（四）劳动者同时与其他用人单位建立劳动关系，对完成本单位的工作任务造成严重影响，或者经用人单位提出，拒不改正的；（五）因本法第二十六条第一款第一项规定的情形致使劳动合同无效的；（六）被依法追究刑事责任的。

《劳动合同法》第三十九条第（二）项规定，劳动者必须达到严重违反用人单位的规章制度的程度，才能单方解除劳动关系。马某未依据《某公司机关员工考勤管理规定》履行请假手续，但马某确实存在生病的实际情况，A公司在2021年1月初对马某的生病情况已知晓，且马某与A公司存在先休假后履行请假手续的客观事实。

谦抑性原则，又称必要性原则、节制性原则，最初是刑法学的一项原则，指立法机关只有在该规范确实必不可少、没有可以代替刑罚的其他适当方法存在的条件下，才能将某种违反法律秩序的行为设定成犯罪行为，予以刑事制裁。该原则之后为宪法学、行政法学等公法部门所接受采用，逐渐演进为一项公法原则。马某的行为并不属于《劳动合同法》规定的用人单位可以解除劳动合同的范畴，且A公司对马某的处理显然有其他方法可以代替，故A公司有违谦抑性原则。

A公司在向马某发送解除劳动合同通知前，并未事先与马某进行沟通，告知其返岗，而是径行发送解除告知函。故A公司的该行为系怠于履行管理职责的行为，实属不妥。

89. 身体两处伤残，残疾赔偿金如何支付？

□ 刘园园

【案情简介】

尚某在某省A公司从事建筑施工。2022年3月17日，尚某在施工过程中发生事故，造成尚某一处九级伤残，一处十级伤残。尚某先后在三家医院住院治疗70天。

"律师说法" 案例集（8）

尚某提出诉讼，要求 A 公司赔偿相关损失。经法院认定损失如下：医疗费128902.25元，核酸检测费160元，轮椅费580元，外购药费1150元；住院伙食补助费3250元（50元/天×65天）；营养费1800元（20元/天×90天）；误工费59468.93元（52304元/年÷365×415天）；护理费12391.4元（50254元/年÷365×90天）；交通费4000元；伤残赔偿金161632.8元（38484元/年×20年×21%），鉴定检查费3581元，精神抚慰金9000元，共计385916.38元。A 公司与尚某责任分配为90%和10%，A 公司应承担347324.74元。A 公司涉案项目负责人段某前期垫付了133927.91元，因此，A 公司应赔偿尚某总计213396.83元。

⚖ 【判决结果】

一、被告 A 公司赔偿原告尚某213396.83元；
二、驳回原告尚某的其他诉讼请求。

⚖ 【律师解读】

一、本案尚某身体构成两处伤残，一处九级伤残，一处十级伤残，残疾赔偿金该如何计算？

残疾赔偿金的法律依据为《最高人民法院关于审理人身损害赔偿案件适用法律若干问题的解释（2022修正）》第二十五条："残疾赔偿金根据受害人丧失劳动能力程度或者伤残等级，按照受诉法院所在地上一年度城镇居民人均可支配收入或者农村居民人均纯收入标准，自定残之日起按二十年计算。但六十周岁以上的，年龄每增加一岁减少一年；七十五周岁以上的，按五年计算。受害人因伤致残但实际收入没有减少，或者伤残等级较轻但造成职业妨害严重影响其劳动就业的，可以对残疾赔偿金作相应调整。"

本案尚某身体存在两处伤残，伤残赔偿系数应综合计算，不应只单独计算一处。尚某存在一处九级伤残，一处十级伤残，残疾赔偿金是按照残疾保险责任限额的20%+1%赔付了213396.83元。但是，身体多处伤残情况下，残疾赔偿金的计算目前全国各地司法裁判尺度未统一，在此列举以下地方法院做法：

（一）北京地区

根据北京市高级人民法院和北京市司法局《关于伤残评定问题研讨会会议纪要》意见，即"受伤人员符合两处以上伤残等级者，需综合计算累计伤残赔偿指数，具体计算方法：累计伤残赔偿指数＝伤残等级最高处的伤残赔偿指数＋伤残赔偿附加指数。伤残赔偿附加指数的确定：六～十级伤残，每增加一处，增加5%"，故本案如按照此规定，则残疾赔偿金应按照残疾保险责任限额的25%赔付。

（二）上海地区

上海市高级人民法院民事审判第一庭《道路交通事故纠纷案件疑难问题研讨会会议纪要》规定："16. 多处伤残的等级计算。受害人有多处伤残的，对其的伤残等级应当叠加计算。但在计算时，其系数上限不得达到上一个级别的伤残等级。一般情况下，可以参照最高级别伤残系数＋附加指数（大于等于0，小于等于10%，2、3、4、5级附加指数为每处4%，6、7、8、9、10级附加指数为每处2%，但累计小于等于10%）公式予以计算，但不宜直接在判决中出现计算公式。"

（三）山东地区

山东省高院（2021）鲁民申1108号中，明确了"申请人因涉案交通事故受伤，经鉴定存在两个伤残等级，其中七级伤残一处，十级伤残一处。多个伤残等级的残疾赔偿金计算一般以最高的伤残赔偿指数和附加指数相加为准，七级伤残的赔偿指数为40%，十级伤残的附加指数为1%，故判决按照41%计算残疾赔偿金是正确的"。本案尚某身体两处伤残，一处九级，一处十级，按照山东该规定，残疾赔偿金按照残疾保险责任限额的21%赔付。

二、损失类目计算的法律依据如下：

1. 医疗费法律依据，《最高人民法院关于审理人身损害赔偿案件适用法律若干问题的解释》第六条："医疗费根据医疗机构出具的医药费、住院费等收款凭证，结合病历和诊断证明等相关证据确定。医疗费的赔偿数额，按照一审法庭辩论终结前实际发生的数额确定。"

"律师说法"案例集（8）

2. 住院伙食补助费法律依据，《最高人民法院关于审理人身损害赔偿案件适用法律若干问题的解释》第十条第一款："住院伙食补助费可以参照当地国家机关一般工作人员的出差伙食补助标准予以确定。"

3. 误工费计算标准：该省上年度居民服务业平均工资/365×误工期。

误工费法律依据，《最高人民法院关于审理人身损害赔偿案件适用法律若干问题的解释》第七条："误工费根据受害人的误工时间和收入状况确定。误工时间根据受害人接受治疗的医疗机构出具的证明确定。受害人因伤致残持续误工的，误工时间可以计算至定残日前一天。受害人有固定收入的，误工费按照实际减少的收入计算。受害人无固定收入的，按照其最近三年的平均收入计算；受害人不能举证证明其最近三年的平均收入状况的，可以参照受诉法院所在地相同或者相近行业上一年度职工的平均工资计算。"

4. 护理费计算标准：该省上年度居民服务业平均工资/365＊护理期。

法律依据，《最高人民法院关于审理人身损害赔偿案件适用法律若干问题的解释》第八条："护理费根据护理人员的收入状况和护理人数、护理期限确定。护理人员有收入的，参照误工费的规定计算；护理人员没有收入或者雇佣护工的，参照当地护工从事同等级别护理的劳务报酬标准计算。护理人员原则上为一人，但医疗机构或者鉴定机构有明确意见的，可以参照确定护理人员人数。"故本案护理费计算参考误工费计算标准。

5. 营养费法律依据，《最高人民法院关于审理人身损害赔偿案件适用法律若干问题的解释》第十一条："营养费根据受害人伤残情况参照医疗机构的意见确定。"

6. 交通费法律依据，《最高人民法院关于审理人身损害赔偿案件适用法律若干问题的解释》第九条："交通费根据受害人及其必要的陪护人员因就医或者转院治疗实际发生的费用计算"。

90. 达到法定退休年龄，是否享受一次性工伤医疗和伤残就业补助金？

□ 石丽莎

【案情简介】

2020年11月2日，李某入职某保洁公司，从事保洁工作，双方签订有劳动合同书。2022年1月21日，李某在工作中受伤，此后未再工作。入职某保洁公司时李某已经超过法定退休年龄。

2022年9月13日，人力资源和社会保障局认定李某2022年1月21日受到的事故伤害为工伤。2022年10月25日，劳动能力鉴定委员会作出劳动能力鉴定、确认结论通知书，李某已达到职工工伤与职业病致残等级标准十级。

2023年1月3日，李某向劳动人事争议仲裁委员会申请劳动仲裁。2023年1月5日，劳动人事争议仲裁委员会以申请人主体不适格作出不予受理通知书。

李某不服，起诉至法院。

【判决结果】

一、某保洁有限公司于判决生效之日起十日内支付李某停工留薪期工资10300元；

二、某保洁有限公司于判决生效之日起十日内支付李某一次性伤残补助金46544.4元；

三、某保洁有限公司于判决生效之日起十日内支付李某一次性工伤医疗补助金33246元；

四、某保洁有限公司于判决生效之日起十日内支付李某一次性伤残就业补助金33246元；

"律师说法"案例集（8）

五、某保洁有限公司于判决生效之日起十日内支付李某医疗费4841.24元、住院伙食补助费90元；

六、驳回李某的其他诉讼请求。

【律师解读】

一、工伤职工达到退休年龄或者办理退休手续的，是否享受一次性工伤医疗补助金和一次性伤残就业补助金？

各地法院采纳的观点是：工伤职工达到法定退休年龄或办理退休手续的，不支付一次性工伤医疗补助金和一次性伤残就业补助金。深圳对于已达到法定退休年龄的工伤职工劳动者主张一次性伤残就业补助金是予以支持的，现行有效的《2013年深圳市劳动人事争议疑难问题研讨会纪要》第七条规定，已达到法定退休年龄的工伤职工，用人单位以达到法定退休年龄为由终止劳动合同，劳动者主张一次性伤残就业补助金的，应予支持。

二、一次性工伤医疗补助金和一次性伤残就业补助金相关法律规定（以北京为例）

《工伤保险条例》第三十七条规定，职工因工致残被鉴定为七级至十级伤残的，享受以下待遇：（一）从工伤保险基金按伤残等级支付一次性伤残补助金，标准为：七级伤残为13个月的本人工资，八级伤残为11个月的本人工资，九级伤残为9个月的本人工资，十级伤残为7个月的本人工资；（二）劳动、聘用合同期满终止，或者职工本人提出解除劳动、聘用合同的，由工伤保险基金支付一次性工伤医疗补助金，由用人单位支付一次性伤残就业补助金。一次性工伤医疗补助金和一次性伤残就业补助金的具体标准由省、自治区、直辖市人民政府规定。

《北京市实施〈工伤保险条例〉办法》第三十六条第四项规定，工伤职工达到退休年龄或者办理退休手续的，不享受一次性工伤医疗补助金和伤残就业补助金，但该办法已于2011年12月5日被废止。

《北京市实施〈工伤保险条例〉若干规定》现行有效，未明确已达退休年龄人员不得享受一次性工伤医疗补助金和伤残就业补助金。

结合本案，法院认为《北京市实施〈工伤保险条例〉办法》已废止，故对于已达退休年龄人员是否应支持一次性工伤医疗补助金、一次性伤残就业补助金目前没有明确法律规定。虽然李某已经达到法定退休年龄，但是其并未享受退休待遇，存在通过劳务获取报酬的需要。从保障工伤职工合法权益的角度出发，某保洁公司应向李某支付一次性工伤医疗补助金和一次性伤残就业补助金，符合社会主义核心价值观。

91. 董事会解除总经理职务，能否作为解除劳动关系的依据？

□ 王光华

【案情简介】

2017年4月24日，甲方A公司与乙方B某签订《劳动合同书》，约定：B某任A公司总经理，薪资为41666元，劳动合同期限为无固定期限。劳动合同同时还约定了乙方严重违反甲方规章制度甲方可单方解除劳动合同的情形：违反竞业限制义务；严重失职、营私舞弊，给甲方造成重大损害；同时与第三方建立劳动关系或向第三方提供服务，对完成甲方的工作任务造成严重影响，或经甲方提出拒不改正的；入职前后提供的个人资料和证明属于伪造或者与事实不符等。

2019年1月31日，A公司董事长C某提出解聘议案，载明：鉴于本公司成立至今近两年以来，公司现任总经理B某在履职尽责、诚实守信等方面存在以下严重问题：第一，根据公司章程第三十二条，总经理应就董事会授权范围内的事项每三个月向董事会书面汇报一次，但总经理B某未按照章程规定每三个月就董事会授权范围内的事项向董事会进行书面文件汇报。第二，在太湖人才创业领军型团队申报材料及其他向政府部门汇报材料中，多次出现过往经历作假、夸大成绩的现象。作为公司聘任的总经理，严重违反《员工手册》《劳动合同书》相关条款，为公司埋下重大隐患。第三，作为肩负公司研究开发关键时期重要职责的总经理，明知清华

"律师说法"案例集（8）

大学博士项目将占用大量履职时间和精力，在未请示汇报董事会同意的情况下，以公司总经理身份申请"清华大学研究生院创新领军工程博士项目"并私下在申请材料上加盖公司印章。第四，公然不执行董事会明确决议，严重违反总经理的法定义务和职责。另外，根据初步调查和员工举报，还发现总经理在执行董事会决议及其他履职尽责方面的重大失责失误问题。C某提请如下董事会决议：1. 董事会自2019年2月20日起解聘B某的总经理职务；2. 自解聘之日起，B某不得再以A公司总经理名义处理任何A公司内外事务，并应于该日向公司指定人员办理工作移交手续及移交属于公司财产的所有物品；3. 董事会将视工作进展情况，适时启动离任财务审计及其他法律审计，保留对失责失误问题深入调查并追究其法律责任的权利。

2019年2月20日，A公司董事会第八次会议召开，通过了解聘议案并形成董事会决议。当天，A公司向B某发出《致B某先生函》，载明：A公司已于2019年2月20日召开董事会会议并通过有效决议，免去你在公司的总经理职务；自即日起，你与A公司之间的劳动法律关系终止并解除，你不得再以公司总经理名义处理任何公司内外事务，并应于2月20日下午4点钟之前，向公司指定人员办理工作移交手续及移交属于公司的所有物品。

2019年2月21日，B某因赔偿金、工资等事宜向该市仲裁委提出仲裁申请，要求A公司支付违法解除劳动合同的经济赔偿金177776元，支付2019年2月份工资41379元。

2019年4月15日，仲裁委作出仲裁决定书，决定该案终止审理。B某诉至法院，诉请如前。一审中，A公司又提出B某将个人捐款的17万美元在公司报销损害公司利益、擅自提高个人租房补贴标准、担任杭州D公司董事及总经理违反高管的竞业禁止义务等作为解除劳动合同的理由。

【判决结果】

一审判决：

一、被告A公司于判决发生法律效力之日起十日内支付原告B某2019

年 2 月工资人民币 35000 元；

二、被告 A 公司于判决发生法律效力之日起十日内支付原告 B 某违法解除劳动合同赔偿金人民币 95093 元。

被告 A 公司不服一审判决，提起上诉。

二审判决：

驳回上诉人 A 公司的上诉，维持原判。

【律师解读】

该案为法院公报中的经典案例，该案的争议焦点是董事会的解聘决议能否作为公司解除劳动合同的合法理由。一般来讲，总经理作为公司高管，在与公司签订劳动合同的情况下，在公司履职具有两层法律关系，一是董事会对总经理的委任关系，是一种委托法律关系，二是公司与总经理之间的劳动关系。董事会解除总经理职务，仅代表董事会对总经理委托关系的解除，但并不代表公司与总经理劳动关系的解除，公司要解除劳动合同，需要依据劳动合同、劳动相关法律依法解除，如若违反，则构成违法解除合同，需要承担双倍标准的经济赔偿金。

B 某是 A 公司董事会聘任的总经理，同时与 A 公司签有劳动合同，该合同明确约定系根据《劳动法》《劳动合同法》有关法律等协商制定，故 B 某也是与公司签订劳动合同的劳动者，与 A 公司成立劳动关系。A 公司在《致 B 某先生函》中已明确了根据董事会决议解聘 B 某总经理职务，并解除与其之间的劳动关系，更加可以印证 B 某的双重身份。公司董事会决议解聘其总经理职务，系董事会的法定职权，是董事会对公司经营管理的体现，并不需要法定理由，董事会认为不适合即可解聘，法院也不介入审查其解聘的具体事由。但是，董事会的解聘决议并不当然同时合法解除了劳动合同关系，公司仍需要依据劳动合同及劳动相关法律解除劳动关系。然而，公司根据董事会解聘决议即解除与 B 某的劳动合同关系，因此，法院还应对公司解除劳动合同行为的正当性进行审查，该审查与董事会对公司高级管理人员的无因解聘并不矛盾，故 A 公司仍应提供证据证明其解除劳动合同的正当性。

"律师说法" 案例集（8）

关于 A 公司解除合同依据的评判：

1. 关于 B 某未就董事会授权范围内的事项按照公司章程规定每三个月向董事会进行书面文件汇报一事，A 公司未提供其可以据此解除劳动合同的依据，因此，以此作为解除劳动合同的事实及依据不充分。

2. 关于"过往经历作假、夸大成绩"，A 公司并未在一审中提供证据证明，二审中虽然提供了申报书等证据，但是，不能证明造成的实际后果，不足以作为解除劳动合同的正当事由，其并未具体指出 B 某何种行为严重违反了《员工手册》《劳动合同》的何种条款。A 公司在《致 B 某先生函》中也仅仅是告知了解除劳动合同的后果，但未列明其解除劳动合同的事实及依据。

3. 关于 B 某报名有关博士项目、加盖 A 公司公章的行为虽有不妥，但已及时改正，最终并未就读该项目，另外其申报时也走了用章审批流程。A 公司未提供证据证明 B 某上述行为对其造成了何种损失，哪方面严重违反公司规章制度并可以据此解除劳动合同。

4. 关于 B 某公然不执行董事会决议方面的失误失责，在解聘议案中均未明确指出是哪些决议，也未就 B 某有其他"重大失责失误问题"进行具体说明，以该理由作为解除劳动合同的依据不足。

5. 关于 A 公司在一审诉讼中另行提出的 B 某将个人捐款的 17 万美元在公司报销损害公司利益、擅自提高个人租房补贴标准、担任杭州 D 公司董事及总经理违反高管的竞业禁止义务等作为解除劳动合同的理由，上述事由在解聘议案、A 公司董事会决议及《致 B 某先生函》中均未涉及，不属于 A 公司 2019 年 2 月 20 日决定解除劳动合同时所依据的事由，无论上述事实是否存在，均不能作为证明解除劳动关系合法的依据。

综上，A 公司董事会虽然表决通过了解聘议案并形成决议，但对于解聘议案中所列明的 B 某严重违反公司规章制度的行为既未指明具体事实，也未明确相关事实违反了哪些规章制度从而可以解除劳动合同，据此解除劳动合同的事实及法律依据均不足，故 A 公司系违法解除劳动合同。

该案判决，A 公司在一审、二审补充的事实和证据，符合新证据的要求，法院对这些事实和证据未予以采信，为避免解除高管劳动合同方面的法律风险，特提出以下建议：

1. 对于总经理等高管人员，其身份具有特殊性，为避免风险，这里提供两种签约思路：一是根据董事会的委任由公司跟总经理签订聘任合同，聘任合同实质反映的是一种委托合同关系，可以据此排除劳动法的管辖；二是签订最低保障水平的劳动合同和聘任合同，即双合同制，两种合同具有独立性，当聘任合同解除后，劳动关系仍存在，公司可根据实际情况调整工作岗位或再依法解除劳动关系。

2. 解除劳动关系时，一定要请教专门的法律专业人士，解除流程一定要合规，解除事由也一定要充分合法，要能从劳动合同、规章制度、劳动相关法律中找到相关依据，以避免违法解除。

92. 超过退休年龄，是否可以认定工伤？

□ 谢 雯

【案情简介】

2022年6月9日，王某入职某保洁公司，担任保洁员，双方未签订劳动合同，工资均是由保洁公司通过银行转账形式支付。

2022年12月25日，王某在单位宿舍高空坠亡。

事发后，保洁公司拒绝进行工伤赔偿。理由为：①事发时王某在被派遣的单位住宿，且为周日，未安排其工作；②王某入职时已超过50周岁退休年龄，无法购买工伤保险；③双方之间是劳务关系并非劳动关系，不适用工伤赔偿的规定；④王某从自己宿舍窗户高空坠亡系其自杀，公司不承担责任。

王某家属委托谢雯律师代理维权。

【处理结果】

北京市某区人力资源和社会保障局根据《认定工伤决定书》认为：王某同志受到的事故伤害，符合《工伤保险条例》第十四条第（一）项之

"律师说法" 案例集（8）

规定，属于工伤认定范围，现予以认定为工伤。

【律师解读】

一、本案应该通过什么案由来维权才能使家属利益最大化？

本律师刚了解到这个案子时，根据家属提供的证据和描述判断出，家属可以通过两种途径进行维权，第一是通过生命权纠纷或提供劳务者受害责任纠纷解决，第二是通过认定工伤来解决。

第一种途径的法律依据是《中华人民共和国民法典》第一千一百六十五条，行为人因过错侵害他人民事权益造成损害的，应当承担侵权责任。依照法律规定推定行为人有过错，其不能证明自己没有过错的，应当承担侵权责任。但是，通过该途径维权的难点在于如何证明侵权人以及侵权人的过错程度。因事故发生在医院（用工单位），王某是从自己住的四楼宿舍窗户坠落。根据《中华人民共和国民法典》第一千一百七十三条，被侵权人对同一损害的发生或者扩大有过错的，可以减轻侵权人的责任。因此，如果通过人身损害赔偿，很可能最终因为证据不足而得不到法院的支持，或者虽得到支持但是因对方过错比例较低、王某自身也可能存在过错等原因而得到的赔偿很少。另外，根据《中华人民共和国民法典》第一千一百九十二条第二款，提供劳务期间，因第三人的行为造成提供劳务一方损害的，提供劳务一方有权请求第三人承担侵权责任，也有权请求接受劳务一方给予补偿。接受劳务一方补偿后，可以向第三人追偿。因此，如果医院的侵权责任比例较低，那么保洁公司支付的补偿金就更低了。故第一种途径在本案中显然不适合。

第二种途径的法律依据是《工伤保险条例》第十四条第一项：职工有下列情形之一的，应当认定为工伤，即在工作时间和工作场所内，因工作原因受到事故伤害的。但是，通过该途径维权的难点在于如何证明王某是在工作时间、工作场所以及因工作原因受到伤害。另外，还得明确超过法定退休年龄的人员是否可以被认定为工伤。关于超龄农民工认定工伤的问题，最高院曾经有两个答复：

《最高人民法院行政审判庭关于超过法定退休年龄的进城务工农民因

工伤亡的，应否适用〈工伤保险条例〉请示的答复》（〔2010〕行他字第10号）以及《最高人民法院关于超过法定退休年龄的进城务工农民在工作时间内因公伤亡的，能否认定工伤的答复》（〔2012〕行他字第13号）中明确：用人单位聘用的超过法定退休年龄的务工农民，在工作时间内、因工作原因伤亡的，应当适用《工伤保险条例》的有关规定进行工伤认定。

根据上述规定，王某只要符合条件即使超过法定退休年龄也是可以被认定工伤的。因此，律师建议当事人家属通过工伤认定途径来维权，但是采用该途径维权在取证过程中存在重重困难。

二、本案需要哪些证据以及如何取证？

如果想适用《工伤保险条例》规定，前提条件是王某必须是农民。

《国务院关于进一步推进户籍制度改革的意见》（〔2014〕25号）第（九）条规定：建立城乡统一的户口登记制度。取消农业户口与非农业户口性质区分和由此衍生的蓝印户口等户口类型，统一登记为居民户口。户籍管理制度改革后，部分地区统一居民户口性质，统称为"居民家庭户口"，不再分农业户口、非农业户口。因此，从户口本中已经很难区分户口性质。那么如何进一步证明王某属于农民是关键所在。我们去其村委会开具了相关证明，证明王某家中有承包地，其夫妻在家务农，后来王某外出务工，属于该村农民。另外，我们还去了当地社保局调查了王某未在当地领取城乡居民养老保险证明。因此，王某作为进城务工的农民工身份可以确定。

关于工伤三要素的证据问题，我们经过多方走访，取证经历了重重困难。由于该医院是部队医院，因此不方便取证，院方也不配合证明。因当时事发没有监控录像直拍王某坠落的过程，我们又去公安机关想调取警方的调查材料，却被告知只能公对公调取。无奈，只好找其他线索。

当时在医院工作的另一名同事已经在事发后离职，也不愿意透露太多。但是经过律师的盘问，说话间已经可以证明事发当日，王某从五楼拆完隔离人员的床单、被罩换下来清洗，虽然王某是从宿舍的窗外坠落，但是王某住宿的地点就在洗衣房内，可以证明王某事发时是在工作时间且在工作场所因工作原因发生事故伤害。

另外，从王某生前手机中的聊天记录、工作照片和视频中可以判断擦玻璃属于王某的一项工作内容，而且王某是一个性格开朗、爱唱歌、善交际的人，事发前几天还让朋友为其另找工作，并且王某在事发前还让其儿子买牛奶给自己喝。种种迹象表明王某很珍惜自己的身体健康，并没有轻生的一丝先兆，因此可以排除自杀的可能性。

本案历经九个月，终于告一段落，能认定工伤，不但让逝者得以安息，也是给逝者家属一个交代。

三、认定因工死亡后，家属可向谁主张赔偿责任？一般可以获得哪些赔偿？

《工伤保险条例》第六十二条第二款，依照本条例规定应当参加工伤保险而未参加工伤保险的用人单位职工发生工伤的，由该用人单位按照本条例规定的工伤保险待遇项目和标准支付费用。因此，是否参加工伤保险只是关系到劳动者工伤待遇支付主体问题，并非认定工伤的前提条件。因此，家属可向保洁公司主张工伤保险待遇。

《工伤保险条例》第三十九条，职工因工死亡，其近亲属按照下列规定从工伤保险基金领取丧葬补助金、供养亲属抚恤金和一次性工亡补助金：

（一）丧葬补助金为6个月的统筹地区上年度职工月平均工资；

（二）供养亲属抚恤金按照职工本人工资的一定比例发给由因工死亡职工生前提供主要生活来源、无劳动能力的亲属。标准为：配偶每月40%，其他亲属每人每月30%，孤寡老人或者孤儿每人每月在上述标准的基础上增加10%。核定的各供养亲属的抚恤金之和不应高于因工死亡职工生前的工资。供养亲属的具体范围由国务院社会保险行政部门规定；

（三）一次性工亡补助金标准为上一年度全国城镇居民人均可支配收入的20倍。

伤残职工在停工留薪期内因工伤导致死亡的，其近亲属享受本条第一款规定的待遇。

一级至四级伤残职工在停工留薪期满后死亡的，其近亲属可以享受本条第一款第（一）项、第（二）项规定的待遇。

93. 群发邮件反馈工作情况被辞退，为何获赔七十余万元？

□ 胡克丽

【案情简介】

2008年，万先生入职A公司。直到2022年，升任A公司部门经理。

2022年5月，A公司通过邮件向公司中高层发布文件及细则，文件载明：疫情期间灵活安排员工工作的方式，包括"长休"及"轮岗"两种，员工可以选择"轮岗"与"长休"。细则载明灵活用工期间的薪资标准及操作方式说明。但是，在落实过程中，A公司却逼迫万先生给部门员工强制安排"轮岗"。万先生将公司发布的文件及细则通过邮箱群发给部门员工，部门员工看见文件及细则内容后认为可以选择"长休"，于是纷纷选择长休。万先生无奈将员工拒绝轮岗的决定以电子邮件告知A公司，但A公司却指责万先生将发给高层的文件细则发给员工、煽动员工情绪，以万先生群发邮件、不服从A公司安排为由单方解除劳动合同，拒绝支付补偿金或赔偿金。

万先生被辞退后，与A公司协商未果。多方咨询后，委托胡克丽律师团队，提起劳动仲裁。

【判决结果】

仲裁结果：

被申请人A公司支付申请人万先生违法解除劳动合同赔偿金、竞业限制补偿金、未休年假工资的各项费用共计七十余万元。

A公司不服仲裁裁决，提起诉讼。

一审判决：

"律师说法"案例集(8)

一、原告A公司支付被告万先生违法解除劳动合同赔偿金、竞业限制补偿金、未休年假工资的各项费用共计七十余万元。

二、诉讼费、保全费由原告A公司承担。

A公司不服一审判决，提起上诉。

二审判决：

驳回上诉人A公司的上诉，维持原判。

【律师解读】

万先生被违法辞退后多方咨询，最终确定委托胡克丽律师团队。在了解案件情况、搜集相关材料后，律师从以下角度对该案展开工作，最终仲裁、一审、二审均获胜诉。

一、万先生将文件细则发给员工的行为符合法律规定，并无不妥

《劳动法》规定，用人单位在制定、修改或者决定有关劳动报酬等直接涉及劳动者切身利益的重大事项时，应当经职工代表大会或者全体职工讨论，提出方案和意见，与工会或者职工代表平等协商确定，工会或者职工认为不适当的，有权向用人单位提出意见，通过协商予以修改完善，用人单位应当将直接涉及劳动者切身利益的重大事项决定公示告知劳动者。

A公司疫情期间灵活安排员工工作的方式包括长假及轮岗两种，且无论哪种方式都会产生劳动报酬降低的事实。公示发布的文件涉及灵活用工期间的薪资标准及操作方式说明，员工有权利知晓在选择长休或者轮岗后的薪资待遇、申请操作方式等细节，A公司仅将文件发给中高层管理人员不符合法律规定，因此万先生将A公司发布的文件细则告知员工，合理合法。

二、万先生无法左右员工的选择，仅因万先生管理的部门员工拒绝轮岗就认定万先生拒不执行A公司文件，过于片面，无事实依据

万先生所管理的部门员工在收到通知后选择"长休"，拒绝"轮岗"，并不违反A公司发布的文件。万先生将A公司的文件进行传达，已经是履行工作职责的体现，员工依然拒绝"轮岗"，是员工的权利。万先生将员工的选择通过邮件告知A公司，是履行工作职责的具体体现，不存在拒不执行 A 公司文件一说。

三、万先生通过电子邮件方式向 A 公司汇报工作，无规章制度明确禁止，合理合法

无论是 A 公司的员工手册还是规章制度，均无关于电子邮件发送的相关规定，即 A 公司对员工发邮件无明确的约束，员工通过电子邮件的方式回复 A 公司工作进展，并无不妥。A 公司通过电子邮件方式将发布的文件发给员工，员工在收到文件后向部门经理表示选择"长休"，万先生在汇总员工的意见后通过邮件发送给 A 公司，上述流程能证明万先生履行了上传下达的工作职责。A 公司认为万先生发送邮件的行为煽动了员工的情绪，使员工与 A 公司站在了对立面，但 A 公司却无证据。事实上，万先生在客观层面及法律层面均无法且不能决定其部门下属对灵活用工方式如何选择。A 公司据此就辞退万先生，系违法解除，应当支付相应的赔偿金。

本案历经仲裁、一审、二审，均是我方胜诉。该案给企业的警示是，经营应当合法合规，同时更应当完善自身规章制度；在决策之前，应当依法依规，不可逞一时之气。给员工的警示是，工作应当充分留痕，切勿意气用事；作为公司高管，应当谨言慎行，避免使自身面临法律风险。

94. 为承包方提供劳务时受伤，发包方为何承担连带赔偿责任？

□ 岳广琛

【案情简介】

2019 年 3 月 6 日，彭某（乙方）与 A 建筑设计（北京）有限公司（以下简称"A 公司"）（甲方）签订《钢结构施工合同》，约定乙方承包甲方位于文创园的房屋钢结构及加固工程施工，承包方式为乙方包工、包料、包安装、包工期、包质量、包安全。

2019 年 3 月 24 日，吴某经人介绍到该工地上从事焊接和热切割工作。3 月 28 日，吴某在工作过程中，自高处坠落受伤，后被送往医院进行手术

"律师说法"案例集(8)

治疗，被诊断为颈椎骨折、颈椎退行性病变、面部擦伤等，于2019年3月28日至4月16日住院19天。吴某自行支付医疗费9222元，其他费用由彭某向医院支付，其中医保报销17459.07元。

吴某与彭某、A公司协商赔偿事宜未果，向法院提起诉讼。

【判决结果】

一、被告彭某、A建筑设计（北京）有限公司于本判决生效后七日内连带向原告吴某赔偿医疗费7377.6元、医疗档案复印费64.6元、住院伙食补助费1520元、伤残赔偿金108784元、精神损害抚慰金4000元、误工费25760元、护理费6000元、营养费3600元、交通费3000元、住宿费290元、被扶养人生活费17170.4元、鉴定费3480元，扣除17459.07元后，共计支付163587.5元；

二、驳回原告吴某的其他诉讼请求。

【律师解读】

《民法典》规定，民事主体的人身权利、财产权利以及其他合法权益受法律保护，任何组织或者个人不得侵犯。个人之间形成劳务关系，提供劳务一方因劳务受到损害的，根据双方各自的过错承担相应的责任。雇员在从事雇佣活动中因安全生产事故遭受人身损害，发包人、分包人知道或者应当知道接受发包或者分包业务的雇主没有相应资质或者安全生产条件的，应当与雇主承担连带赔偿责任；被侵权人对损害的发生也有过错的，可以减轻侵权人的责任。《最高人民法院关于适用〈中华人民共和国民事诉讼法〉的解释》第九十条规定，当事人对自己提出的诉讼请求所依据的事实或者反驳对方诉讼请求所依据的事实有责任提供证据加以证明，没有证据或证据不足以证明当事人的事实主张的，由负有举证责任的当事人承担不利后果。

本案中，根据双方当事人陈述、彭某向吴某支付工资的情况，可以认定系彭某雇佣吴某从事焊接和热切割工作。吴某因劳务受伤，彭某作为雇主应当承担相应责任。A公司作为发包人应当对承包、施工主体的资质进行有效审查，其明知实际承包人方为不具备相应资质的个人，却将工程交由其施工，应当就吴某的损失与彭某承担连带责任；吴某作为完全民事行为能力人并具备相应特种作业资质，应当对作业的危险性有所认识，其在不具备相应安全防护措施的情形下进行作业而受伤，本人也具有一定过错，对所受伤害亦应承担一定的责任，因此法院认定吴某对自身损害承担20%的责任。

综上，法院作出如上判决。

第五部分 行政法篇

DIWUBUFEN XINGZHENGFAPIAN

95. 签订十年的拆迁协议，法院为何认定无效？

□ 祝辉良

【案情简介】

鲁某 1 与王某系夫妻关系，育有子女六名，分别为鲁某 2、鲁某 3、鲁某 4、鲁某 5、鲁某 6、鲁某 7。

鲁某 3 与于某系夫妻关系，育有鲁某 12、鲁某 13。鲁某 14 系鲁某 12 之女。

鲁某 2、李某系夫妻关系，育有一子鲁某 8，鲁某 9 系鲁某 8 之子。

袁某系鲁某 10 之子，鲁某 10 系鲁某 1 孙女。

鲁某 7 与黄某系夫妻关系，育有一女鲁某 11。

1992 年 8 月 20 日，鲁某 1 作为承租人与出租方北京某金属结构厂签订《公有住宅租赁合同》，租赁了 13 号房屋，总使用面积 16.68 平方米，居室 1 间，面积 11.93 平方米。1997 年 11 月 7 日，鲁某 1 死亡后注销户口，承租人变更为王某。

2004 年 11 月 30 日，北京市朝阳区规划和自然资源综合事务中心取得"和平一、二、三村土地一级开发项目"房屋拆迁许可证，经有关部门批准又多次续证并延长拆迁期限。北京某拆迁服务有限公司等四家公司为上述项目拆迁实施单位。13 号房屋在拆迁范围内。

2011 年 1 月 17 日，鲁某 7 作为乙方（被拆迁人：王某）的委托代理人与甲方（拆迁人：北京市朝阳区规划和自然资源综合事务中心）签订拆迁协议，约定：乙方在拆迁范围内有正式住宅房屋 1 间，建筑面积 22.33 平方米，乙方现有在册人口 2 人，实际居住人口 4 人。

朝阳规自中心认为，13 号房屋产权人为王某，按照项目实施政策规定，只对项目拆迁范围内房屋产权人进行货币补偿。鲁某 2、李某、鲁某 8、鲁某 9、袁某、鲁某 3、鲁某 12、鲁某 13、鲁某 14 等九人不服并提起诉讼要求确认《北京市住宅房屋拆迁货币补偿协议》无效。

"律师说法"案例集(8)

【判决结果】

一审判决：

驳回原告鲁某2、李某、鲁某8、鲁某9、袁某、鲁某3、鲁某12、鲁某13、鲁某14的诉讼请求。

原告鲁某2、李某、鲁某8、鲁某9、袁某、鲁某3、鲁某12、鲁某13、鲁某14不服一审判决，提起上诉。

二审判决：

一、撤销一审判决；

二、北京市朝阳区规划和自然资源综合事务中心与王某于2011年1月17日签订的《北京市住宅房屋拆迁货币补偿协议》无效。

【律师解读】

本案争议的焦点在于涉案拆迁协议的效力问题。九个当事人因为所居住房屋拆迁，作为居住人及在册户口人员未得到安置，相关人员已经上访十多年一直未得到解决，拆迁部门认为涉案房屋已签订有拆迁协议，不能再给予安置。代理律师接手此案后，依法申请了信息公开，获得了涉案房屋已签订的拆迁协议，发现拆迁协议载明的在册人员与房屋实际在册人口不符，且查询相关政策及案例，作为在册人口可以获得翠城经济适用房安置指标，所以该拆迁协议没有如实记载在册人口，且损害了在册人员的利益。律师团队经研究确定以主张拆迁协议无效为方向，为当事人争取重新获得安置的权利，本案一审未获法院支持，二审改判认定拆迁协议无效，成功维护了当事人的合法权益。

根据《中华人民共和国合同法》第五十二条第（二）款规定，恶意串通，损害国家、集体或者第三人利益的，合同无效。据此，认定合同无效必须具备两个构成要件，一是合同当事人恶意串通，二是客观结果上损害了国家、集体或者第三人的利益。

关于是否存在恶意串通，恶意串通的构成分为主观和客观两方面因素。主观因素为恶意串通，即当事人双方具有共同目的，希望通过订立合同损害国家、集体或者第三人的利益。它可以表现为双方当事人事先达成协议，也可以是一方做出意思表示，对方明知其目的非法，而用默示的方式接受。它可以是双方当事人相互配合，也可以是双方共同作为。客观因素为合同损害国家、集体或者第三人的利益。

本案中，二审法院最终认定涉案原拆迁公租房处的在册户口为10余人，但是在实际签署的拆迁协议中，仅列明在册人口2人，上述拆迁协议载明的事实，与客观事实严重不符；合同双方在签订合同时对于上述事实是明知的，不论涉案拆迁协议签订的具体程序如何，拆迁协议显然已经侵害了鲁某2等人的合法权益，拆迁协议的签订存在恶意串通，存在损害第三人利益的可能。

综上，二审法院撤销一审判决，依法改判涉案拆迁协议无效。

96. 不符合免税条件进行申报，是否认定为偷税？

□ 吴 友

【案情简介】

A公司主要从事污泥处理工作，并办理了"垃圾处理污泥处置劳务"增值税免税备案（有效期从2012年1月1日至2049年12月31日）。

某税务局在日常税务征管过程中发现，A公司因于2012年8月受到广州市环保局行政处罚，已经不符合减免税优惠条件。但是，A公司未按规定报告，继续享受该税收优惠。

2017年11月22日，国家税务总局广州市税务局第二稽查局作出《税务行政处罚决定书》，认定A公司隐瞒违反《中华人民共和国环境保护法》等环境保护法律法规受到环保部门行政处罚的事实，虚假纳税申报，少缴增值税5921486.22元，构成偷税，处以少缴税款5921486.22元的百分之五十的罚款2960743.11元。

A公司不服，诉至广州铁路运输第一法院（以下简称一审法院）请求

"律师说法"案例集(8)

撤销税务行政处罚决定书。一审法院经审理驳回其诉讼请求。

A公司不服该判决，上诉至广州铁路运输中级法院。

【判决结果】

一、撤销一审法院行政判决；

二、撤销国家税务总局广州市税务局第二稽查局作出的《税务行政处罚决定书》。

【律师解读】

关于A公司少缴税款行为是否属偷税，应当划分不同阶段分别认定：

一、对A公司被环保局行政处罚之前行为的认定

《财政部、国家税务总局关于调整完善资源综合利用产品及劳务增值税政策的通知》（财税〔2011〕115号）第二条规定："对垃圾处理、污泥处理处置劳务免征增值税。第九条规定，申请享受本通知规定的资源综合利用产品及劳务增值税优惠政策的纳税人还应符合五个条件，如自2010年1月1日起，纳税人未因违反《中华人民共和国环境保护法》等环境保护法律法规受到刑事处罚或者县级以上环保部门相应的行政处罚；应当在初次申请时按照要求提交资源综合利用产品及劳务有关数据，报主管税务机关审核备案，并在以后每年2月15日前按照要求提交上一年度资源综合利用产品及劳务有关数据，报主管税务机关审核备案等。"第十一条规定："凡经核实纳税人有弄虚作假骗取享受本通知规定的增值税政策的，税务机关追缴其此前骗取的退税税款，并自纳税人发生上述违法违规行为年度起，取消其享受本通知规定增值税政策的资格，且纳税人三年内不得再次申请。"

本案中，A公司主要从事污泥处理工作，在符合相关条件的情形下，可以享受劳务增值税免征的优惠政策。实践中，A公司每月进行纳税申报，至2012年11月对该年度的免税进行备案，某税务局亦予以默许该纳税申报方式，因此，在2012年11月税收备案之前，应推定A公司在符合其他条件的情况下，享有相应的税收优惠。因现有证据并不能证明A公司在 2012 年 1 月至 7 月违反环保相关法律法规受到行政处罚或不符合其他享受税收减免的条件，因此，在此期间 A 公司每月进行的纳税申报并不存在虚假纳税申报的主观故意，不应认定为偷税。

二、对 A 公司被环保局行政处罚之后行为的认定

《中华人民共和国税收征管法》第六十三条第一款规定："纳税人伪造、变造、隐匿、擅自销毁账簿、记账凭证，或者在账簿上多列支出或者不列、少列收入，或者经税务机关通知申报而拒不申报或者进行虚假的纳税申报，不缴或者少缴应纳税款的，是偷税。对纳税人偷税的，由税务机关追缴其不缴或者少缴的税款、滞纳金，并处不缴或者少缴的税款百分之五十以上五倍以下的罚款；构成犯罪的，依法追究刑事责任。"

A 公司因其向河道倾倒污泥的违法行为于 2012 年 8 月受到广州市环保局行政处罚，但其在 2012 年 11 月、2013 年 1 月的申报免税过程中，明知自己由于受到广州市环保局环保行政处罚已不符合免税条件，仍隐瞒事实，向某税局办理免税备案，并且 A 公司在不符合免税条件的情况下，2012 年 1 月至 2014 年 4 月每月取得的污泥处置劳务收入均填写在增值税纳税申报表的"免税劳务销售款"一栏，作为免税收入进行申报。虚假的纳税申报，是指纳税人在进行纳税申报过程中，制造虚假情况，包括不如实填写或者提供纳税申报表，财务报表以及其他纳税资料等少报、隐瞒应税项目、销售收入和经营利润等行为，A 公司涉案报税行为属于骗取税收优惠资格、隐瞒相关收入的客观事实，是不如实填报纳税申报表的虚假纳税申报行为。A 公司在 2012 年 8 月受到广州市环保局的行政处罚后，明知其不符合享受税收优惠条件，但仍在《纳税人税收优惠申请表》"享受税收优惠理由"一栏中手工填写"我司业务中的污泥处置符合财税［2011］第 115 号"。因此，A 公司隐瞒环保处罚事实，骗取免税资格的行为构成偷税。

被诉行政处罚决定将 2012 年 1 月—7 月 A 公司少缴税款认定为偷税并计入处罚基数，属认定事实不清，适用法律错误，一审法院笼统地认为 A 公司的行为构成偷税亦属认定错误。因此，二审法院撤销了一审判决，同时撤销了被诉行政处罚决定书。

"律师说法"案例集（8）

97. 税务处罚决定书，为何法院确认违法？

□ 张 毅

【案情简介】

A 公司成立于 2002 年，经营范围包括自营和代理各类商品和技术的进出口业务。

2016 年 5 月 26 日，苏州市吴江区国家税务局稽查局对 A 公司进行税务稽查立案，决定对该公司 2014 年 1 月 1 日至 2016 年 4 月 30 日期间涉税情况进行检查。经查，A 公司将代理出口业务包装成自营出口并获取了出口退税款，并与另外两家公司存在虚开增值税专用发票行为。

2017 年 7 月 13 日，苏州市吴江区国家税务局稽查局作出税务处罚决定书，决定停止为 A 公司办理出口退税两年，应缴款项共计 0.01 元。2017 年 8 月 24 日，苏州市吴江区国家税务局稽查局向 A 公司送达上述行政处罚决定书。2018 年 1 月 3 日，该局出具补正告知书，删除处罚决定书中应缴款项 0.01 元及限期缴纳、处罚款告知等事项。

A 公司不服，诉至苏州市姑苏区人民法院。

【判决结果】

确认苏州市吴江区国家税务局稽查局于 2017 年 7 月 13 日作出的税务行政处罚决定违法。

【律师解读】

一、关于 A 公司是否构成骗取出口退税的问题

根据《税收征管法》第六十六条第一款，《国家税务总局商务部关于进一步规范外贸出口经营秩序切实加强出口货物退（免）税管理的通知》（国税发〔2006〕24 号）第二条的规定，A 公司虽以自营业务申报出口退税，但泗阳国税稽查局出具的《已证实虚开通知单》、A 公司法定代表人、

案涉交易中间人（钱X）及关联刑事案件中相关人员的询（讯）问笔录等在案证据表明，A公司与俊X公司、德X公司之间并无真实的货物交易，该两家公司向A公司开具的增值税发票均为无货虚开，故A公司系以名为自营出口实为代理的方式假报出口并办理出口退税，属于上述法律规范所禁止的骗取出口退税行为。

二、关于处罚幅度适当性问题

参照国税发32号文第一条第（四）项的规定，出口企业骗取国家出口退税款250万元以上，或因骗取出口退税行为受过行政处罚、两年内又骗取国家出口退税款数额在150万元以上的，停止为其办理出口退税两年以上三年以下。

《财政部国家税务总局关于出口货物劳务增值税和消费税政策的通知》（财税〔2012〕39号）第九条第（一）款第3项规定，出口企业或其他单位骗取国家出口退税款的，经省级以上税务机关批准可以停止其退（免）税资格。A公司已申报出口退税并取得退税款金额高达6078544.96元，远超过上述规定的250万元。经江苏省国家税务局批准，苏州市吴江区国家税务局稽查局决定停止A公司出口退税资格两年，符合法律规定，处罚幅度适当。

既然A公司构成骗取出口退税，税务机关对其处罚又符合法律规定，为什么税务行政处罚决定被法院确认违法？主要存在以下程序违法事项：

（一）听证权利告知程序违法

《重大税务案件审理办法》（国家税务总局令第34号）第十五条规定："稽查局提请审理委员会审理案件，应当提交以下案件材料：（一）重大税务案件审理案卷交接单；（二）重大税务案件审理提请书；（三）税务稽查报告；（四）税务稽查审理报告；（五）听证材料；（六）相关证据材料。"第三十四条第一款规定："稽查局应当按照重大税务案件审理意见书制作税务处理处罚决定等相关文书，加盖稽查局印章后送达执行。"可见，对重大税务案件审理委员会的审理意见，稽查局应当执行，听证程序亦应当在稽查局提请审理委员会审理案件之前进行。苏州市吴江区国家税务局稽查局在重大案件审理委员会审理前仅听取了A公司的陈述申辩，而将听证程序置于重大案件审理委员会审理之后,即处罚前告知阶段,违反上述规定程序。

(二)处罚文书送达程序违法

《行政处罚法》第四十条规定,"行政处罚决定书应当在宣告后当场交付当事人;当事人不在场的,行政机关应当在七日内依照民事诉讼法的有关规定,将行政处罚决定书送达当事人。"苏州市吴江区国家税务局稽查局于2017年7月13日作出案涉税务处罚决定,同年8月24日才向A公司送达,已超过上述法律规定的七日内送达期限,送达程序违法。

综上,税务行政处罚决定认定事实清楚,适用法律正确,实体处理亦无不当;但在重大案件审理委员会审理前未告知A公司有要求听证的权利,且超期送达税务处罚决定文书,违反法定程序,依法应当撤销。但是,鉴于在处罚前告知之后的听证程序及本案诉讼过程中,A公司均未能提供有效证据推翻其违法事实,若撤销并责令被告重作将会导致程序空转,增加诉累,因此,法院对于被诉处罚决定予以确认违法。

98. 交通协管员开具的行政处罚决定书,是否合法?

□ 侯蒙莎

【案情简介】

2021年11月13日10时22分,交通协管员潘某发现车牌号为XXX的小型汽车停放在北京某区未施划停车泊位的道路上。因当时车辆驾驶员并未在现场,交通协管员遂在该机动车侧门玻璃上粘贴《北京市交通协管员道路停车记录告知单》,并采取拍照方式固定了相关证据。后经某交警大队民警杜某审核照片,认定XXX小型汽车存在违反规定停车的违法行为,且照片符合相关要求;交通协管员填写的《北京市交通协管员道路停车记录报告单》正确规范,遂将XXX小型汽车的此项违法行为录入违法信息系统。

2021年12月30日，王某到某交警大队接受处理。某交警大队认定王某实施了违反规定停车的行为，对王某告知了拟作出行政处罚决定的事实、理由、依据，及其享有的陈述和申辩的权利。在王某未提出陈述和申辩的情况下，某交警大队作出某号《公安交通管理简易程序处罚决定书》，决定处以200元罚款。

现该处罚决定已执行完毕。王某不服某交警大队作出的罚款处罚，向法院提起行政诉讼，请求撤销某交警大队作出的处罚决定。

【判决结果】

一审判决：

驳回原告王某的诉讼请求。

原告王某不服一审判决，提起上诉。

二审判决：

驳回上诉人王某的诉讼请求。

【律师解读】

根据《道路交通安全法》的规定，县级以上地方各级人民政府公安机关交通管理部门负责本行政区域内的道路交通安全管理工作；违法行为发生地的县级以上人民政府公安机关交通管理部门或者相当于同级的公安机关交通管理部门对道路交通安全违法行为人可以处以罚款或暂扣驾驶证的处罚。据此，某交警大队对违法行为地在其主管行政区域内的交通违法行为作出罚款的行政处罚，系在法律、法规赋予的职权范围内实施的行政行为。

《道路交通安全法》第五十六条第一款规定："机动车应当在规定地点停放。禁止在人行道上停放机动车；但是，依照本法第三十三条规定施划的停车泊位除外。"同时，《北京市实施〈中华人民共和国道路交通安全法〉办法》第四十九条第一项规定："机动车在停车场或者交通标志、标线规定的道路停车泊位内停放。"根据上述规定，在道路上停放机动车应当停放在施划的停车泊位等规定的地点内。《最高人民法院关于行政诉讼

"律师说法" 案例集（8）

证据若干问题的规定》第五十三条规定，人民法院裁判行政案件，应当以证据证明的案件事实为依据。

本案中，某交警大队在对王某违反规定停放车辆的事实进行审查并进行处罚的过程中，取得了车辆的违法信息照片、北京市交通协管员道路停车记录报告单、审核情况说明等证据，以上证据已形成证据链条，彼此之间相互印证，共同证明王某未在规定地点停放车辆，存在违反上述法律、法规规定的行为，在王某不能就有关某交警大队认定事实错误提供确切证据的情况下，其单方陈述不足以否定上述证据链条所证明的案件事实。因此，某交警大队依据道路交通安全法第九十条的规定对王某进行处罚并无不当。

此外，《北京市实施〈中华人民共和国道路交通安全法〉办法》第七十九条第四款规定："市和区、县人民政府组建的道路交通安全协管员队伍，协助交通警察维护道路交通秩序，劝阻、告知道路交通安全违法行为。"本案中，交通协管员对于王某实施的违反规定停车的行为，向其车辆粘贴《北京市交通协管员道路停车记录告知单》，并将该违法行为拍照后向交管部门进行报告，系依法履行交通协管员协助交通警察维护道路交通秩序，告知道路交通安全违法行为的义务；交通协管员在执法站向违法行为人开具行政处罚决定书，亦是在民警的现场指导下履行协助民警执法的行为。上述行为并未违反法律、法规的规定，亦不属于具有行政强制性的涉及公民基本权利的单独执法行为。

综上，某交警大队对王某作出的罚款二百元的行政处罚决定，认定事实清楚，程序合法，适用法律正确，处罚适当。

99. 机场安检查出电子点烟器，罚款是否合法？

□ 高 庆

【案情简介】

2019年6月26日，在某市国际机场国内出发安检二区通道内，王某将一个黑色电子点烟器放在钱包中，欲通过安检乘坐飞机前往上海。安检工作人员发现后，将王某送至某省公安厅机场公安局直属分局候机楼派出所。候机楼派出所受案后，对报警的安检工作人员及王某进行了调查询问。

2019年6月26日，候机楼派出所针对王某制作《行政处罚告知笔录》，告知其拟作出行政处罚决定的事实、理由、依据，并告知其享有的陈述、申辩权，王某签字确认其不提出陈述和申辩。同日，某省公安厅机场公安局直属分局作出《行政处罚决定书》，认定王某携带、交运禁运物品的违法行为成立，决定给予王某罚款1000元的行政处罚，并收缴电子点烟器一个。

王某不服上述《行政处罚决定书》，向某省人民政府提出行政复议申请。某省人民政府受理王某的行政复议申请后，经审查作出《行政复议决定书》决定维持涉案《行政处罚决定书》。王某不服某省公安厅机场公安局直属分局作出的《行政处罚决定书》及某省人民政府作出的《行政复议决定书》，诉至法院。

【判决结果】

一审判决：

一、撤销涉案《行政处罚决定书》；

二、撤销涉案《行政复议决定书》。

某省公安厅机场公安局直属分局不服一审判决，提起上诉。

一、撤销一审判决；

二、驳回被上诉人王某的诉讼请求。

【律师解读】

《行政处罚法》第五条规定，设定和实施行政处罚必须以事实为依据，与违法行为的事实、性质、情节以及社会危害程度相当。比例原则要求行政机关在行使自由裁量权时选择成本相对最小的执法手段，选择对行政相对人侵害最小的方式，从而使行政执法的成本与执法收益相一致。

行政比例原则是一个概括性的概念，核心思想是行政主体实施行政行为，不仅是要达到行政目的，还要尽量避免给行政相对人及社会带来不必要的损失。我们可以从三个方面来考虑此原则：

第一，手段与目的的适当性，即行政机关实施的行政手段能够实现行政目的，或是有助于实现行政目的；

第二，行政行为是必要的，即在实施行政行为的同时，需要保护相对人的利益，在必要的范围内实施行政行为；

第三，行政行为必须着眼于整个社会考虑成本与效益，任何导致法益相对不均衡的行政行为都是违反比例原则的。

本案中，王某作为具有航空经历的成年人，对电子点烟器存在足够的辨识能力与注意义务，且机场设有醒目的警示标识，足以判断王某在安检区未主动出示点烟器的行为存在隐蔽点烟器的主观故意。行政机关对王某作出的处罚合法合理。

100. 工作中坠落引发脑梗，为何不予认定工伤？

□ 岳广琛

【案情简介】

于某系某房地产公司的职工。2019年3月24日，于某在工作中因爬梯坠落摔伤。随后，于某被送至北京某医院接受治疗及检查。2019年3月29日，北京某医院出具的《北京某医院急诊诊断证明书》载明："初步诊断：坠落伤，皮擦伤（头部+右肘关节+右手）"。《MR检查报告单》载明："左侧额颞顶岛叶局部梗塞灶（急性期可能）"。《诊断书》载明："临床诊断：脑梗死，右侧颈内动脉夹层动脉瘤（瘤体内血栓形成），左侧颈内动脉远端闭塞，高脂血症，肝功能异常"。

2019年4月22日，某房地产公司针对于某受伤一事向某区人社局提出工伤认定申请。某房地产公司提交的《工伤认定申请表》载明："受伤害部位：头部"。某房地产公司同时提交了北京某医院出具的急诊抢救病历、影像学报告单及上述《北京某医院急诊诊断证明书》予以佐证于某受伤害的诊断情况，但某房地产公司提交的上述申请材料中，并未载明于某的急性脑梗死相关内容。

2019年4月23日，某区人社局作出723号决定，认定于某于2019年3月24日因爬梯坠落受到的皮擦伤（头部、右肘关节、右手）符合《工伤保险条例》第十四条第一项之规定，属于工伤认定范围，决定认定为工伤。

于某不服723号决定，认为723号决定只认定了于某的皮擦伤为工伤，而未将急性脑梗死认定为工伤的行为，侵犯了于某的合法权益，向法院提起行政诉讼，请求本院撤销该723号决定，并判令某区人社局针对于某于2019年3月24日摔伤一事重新作出工伤认定。

【判决结果】

驳回原告于某的诉讼请求。

【律师解读】

《工伤保险条例》第十四条第一项的规定，职工在工作时间和工作场所内，因工作原因受到事故伤害的，应当认定为工伤。

《北京市实施〈工伤保险条例〉若干规定》（北京市人民政府令第242号）第十六条规定，区、县社会保险行政部门应当根据申请人提供的诊断证明书等医学文件或者调查取得的证据，在工伤认定决定中载明伤害部位。工伤职工认为工伤或者职业病直接导致其他疾病并提供工伤医疗机构

"律师说法" 案例集(8)

出具的工伤或者职业病直接导致疾病的诊断证明书的，区、县社会保险行政部门应当在工伤认定决定中予以明确。

《北京市工伤认定办法》第三十四条规定，工伤职工认为因工伤或者职业病直接导致其他疾病的，并提交了具有三级以上资质的工伤医疗机构出具的工伤或者职业病直接导致疾病的医疗诊断证明。区、县社会保险行政部门未作出《工伤认定决定书》的，应在《工伤认定决定书》中对因工伤或者职业病直接导致其他疾病的情形予以明确。已经作出《工伤认定决定书》的，应当对《工伤认定决定书》进行变更。根据上述规定可知，除职业病外的其他疾病被认定为工伤的条件为，工伤或职业病直接导致了该疾病。

本案中，某区人社局在工伤认定执法程序中，在申请人于某未能提供医疗机构出具的相关诊断证明的情况下，为查明相关事实而依职权主动委托司法鉴定机构对于某的坠落摔伤与急性脑梗死之间的因果关系进行鉴定。由于《鉴定意见书》认为于某的急性脑梗死应认为是被鉴定人自身基础疾病部分，坠落伤与急性脑梗死仅存在间接因果关系，且坠落伤的原因大小被认定为轻微作用（建议参与度为10%为宜），在此情况下，某区人社局认为于某的急性脑梗死不符合认定工伤的条件，并作出本案被诉的90号决定，具有相应的事实及法律依据。

虽然于某主张其坠落摔伤导致了急性脑梗死，并对该《鉴定意见书》的合法性提出疑问，但其未能提供充分的证据和理由来证明该《鉴定意见书》存在鉴定结论错误的情况。此外，于某在工伤认定执法程序中及本案行政诉讼过程中均未能提供于某的坠落摔伤直接导致脑梗死的其他证据材料。

综上，某区政府在行政复议执法中，认定事实清楚、适用法律正确，且执法程序亦无不当之处。

101. 无证运输珍稀贝壳被行政处罚，是否合法？

□ 庞立旺

【案情简介】

2014年8月21日，H省公安边防总队在所辖某海域开展巡逻管控过程中，发现某船务公司所属的渔船违法装载大量砗磲贝壳，遂将其查获。

经查实，某船务公司未持有《水生野生动物特许运输许可证》，涉案船舶共装载砗磲贝壳250吨。经专业机构鉴定和评估，该250吨砗磲贝壳中98%为大砗磲，属国家一级保护动物，2%为砗蚝（属于砗磲科），涉案砗磲贝壳总价值为373500元。

据此，S市渔政支队作出行政处罚决定书，以某船务公司的渔船未持有《水生野生动物特许运输许可证》擅自运输砗磲贝壳的行为违反《中华人民共和国野生动物保护法》等法律规定，对某船务公司处以没收砗磲贝壳250吨及按照实物价值3倍罚款人民币1120500元的行政处罚。

某船务公司不服，向某海事法院提起行政诉讼，请求撤销该行政处罚决定。

【判决结果】

一审判决：

驳回原告某船务公司的诉讼请求。

原告某船务公司不服一审判决，提起上诉。

二审判决：

驳回某船务公司的上诉，维持原判。

【律师解读】

砗磲是一种主要生活在热带海域的珍贵贝类，在我国及世界范围内均

"律师说法"案例集(8)

为重点保护的水生野生动物,其中的大砗磲(又名库氏砗磲)为国家一级保护动物。

《最高人民法院关于审理发生在我国管辖海域相关案件若干问题的规定(二)》第七条第三款及《中华人民共和国水生野生动物保护实施条例》第二条的规定,列入《国家重点保护野生动物名录》中国家一、二级保护的,以及列入《濒危野生动植物种国际贸易公约》附录一、附录二中所有水生野生动物物种,无论属于活体、死体,还是相关制品(水生野生动物的任何部分及其衍生品),均受到法律保护。

本案中,大砗磲属《国家重点保护野生动物名录》中的国家一级保护动物,砗蚝属《濒危野生动植物种国际贸易公约》附录二物种,二者均受法律保护。某船务公司运输行为的客体虽然是砗磲贝壳,但作为双壳纲动物,砗磲的贝壳属于其作为动物的一部分,因此,应当将砗磲贝壳认定为《中华人民共和国水生野生动物保护实施条例》第二条规定应受保护的水生野生动物产品。

根据《中华人民共和国野生动物保护法》第三十四条第一款规定:"运输、携带、寄递国家重点保护野生动物及其制品,……应当持有或者附有本法第二十一条、第二十五条、第二十八条或者第二十九条规定的许可证、批准文件的副本或者专用标识。"及第五十二条规定:"违反本法第三十四条第一款规定,由县级以上人民政府野生动物保护主管部门和市场监督管理部门按照职责分工没收野生动物及其制品和违法所得,责令关闭违法经营场所,并处野生动物及其制品价值二倍以上二十倍以下罚款;情节严重的,吊销人工繁育许可证、撤销批准文件、收回专用标识;构成犯罪的,依法追究刑事责任。"

综上,S市渔政支队作出的行政处罚决定具有法律、行政法规依据。

102. 商标申请驳回后复审，二审为何撤销一审判决？

□ 林　玲

【案情简介】

2018年6月，A公司向国家工商行政管理总局商标评审委员会申请"XX同村"的商标，国家工商行政管理总局商标评审委员会以A公司申请注册的第2567XXXX号"XX同村"商标（以下简称"诉争商标"）构成《中华人民共和国商标法》（以下简称《商标法》）第三十条所指情形为由，驳回诉争商标的注册申请。

2018年12月24日，国家工商行政管理总局商标评审委员会作出商评字〔2018〕第244XX号关于第2567XXXX号"XX同村"商标驳回复审决定。

2019年2月22日，A公司起诉至北京知识产权法院，请求法院撤销被诉决定并责令国家知识产权局重新作出决定。

【判决结果】

一审判决：

驳回原告A公司的诉讼请求。

原告A公司不服一审判决，提起上诉。

二审判决：

一、撤销北京知识产权法院〔2019〕京73行初19XX号行政判决；

二、撤销国家工商行政管理总局商标评审委员会作出的商评字〔2018〕第244XXX号《关于第2567XXXX号"XX同村"商标驳回复审决定书》；

三、国家知识产权局就A公司针对第2567XXXX号"XX同村"商标

"律师说法"案例集（8）

所提驳回复审申请重新作出决定。

【律师解读】

《中华人民共和国商标法》第三十条规定："申请注册的商标，凡不符合本法有关规定或者同他人在同一种服务或者类似服务上已经注册的或者初步审定的商标相同或者相近似的，由商标局驳回申请，不予公告。"

《最高人民法院关于审理商标授权确权行政案件若干问题的规定》第二十八条规定："人民法院审理商标授权确权行政案件的过程中，商标评审委员会对诉争商标予以驳回、不予核准注册或者予以无效宣告的事由不复存在的，人民法院可以依据新的事实撤销商标评审委员会相关裁决，并判令其根据变更后的事实重新作出裁决。"

在本案中，A公司申请商标"XX同村"，但在一审审结前，引证商标均处于无效宣告程序中。通常，商标的无效宣告程序从申请到做出决定需要九个月的时间，在此期间，引证商标仍应被视为有效的在先商标，因此一审判决并无不当。

在二审阶段，引证商标无效宣告程序已履行完毕，正式被宣告无效，不再构成诉争商标予以核准注册的在先权利障碍，为诉争商标获得核准注册创造了条件。

由于本案的事实基础发生了根本性的变化，二审法院对原审判决进行了纠正。国家知识产权局应根据这一新的事实，重新判断诉争商标是否应被核准注册。

由于本案的改判是在诉讼中因新情况而产生的，所以一、二审的诉讼费用都应由A公司承担。

103. 因未告知听证权利，法院如何判决？

□ 高 庆

【案情简介】

2003年12月20日，四川省金堂县图书馆与何某之夫黄某联办多媒体电子阅览室。经双方协商，由黄某出资金和场地，每年向金堂县图书馆缴管理费2400元。2004年4月2日，黄某以其子何甲的名义开通了ADSL84992722（期限到2005年6月30日），在金堂县某路一门面房挂牌开业。

2003年4月中旬，金堂县文体广电局市场科以整顿网吧为由要求其停办。经金堂县图书馆与黄某协商，金堂县图书馆于5月中旬退还黄某2400元管理费，摘除了"金堂县图书馆多媒体电子阅览室"的牌子。

2005年6月2日，金堂工商局会同金堂县文体广电局、金堂县公安局对原告金堂县赵镇桔园路门面房进行检查时发现，金堂实验中学初一学生叶某、杨某、郑某和数名成年人在上网游戏。何某未能出示《网络文化经营许可证》和营业执照。金堂工商局作出《行政处罚决定书》，决定没收32台电脑主机。

何某对该行政行为有异议，遂诉至法院。

【判决结果】

一审判决：

一、撤销金堂处字〔2005〕第某号《行政处罚决定书》；

二、被告金堂工商局在判决生效之日起30日内重新作出具体行政行为；

三、被告金堂工商局在本判决生效之日起15日内履行超期扣留原告黄某、何某、何甲的电脑主机32台所应履行的法定职责。

被告金堂工商局不服一审判决，提起上诉。

"律师说法" 案例集（8）

二审判决：
一、撤销一审行政判决第三项；
二、对其他判项予以维持。

【律师解读】

《互联网上网服务营业场所管理条例》第二十七条规定，擅自设立互联网上网服务营业场所，或者擅自从事互联网上网服务经营活动的，由工商行政管理部门或者由工商行政管理部门会同公安机关依法予以取缔，查封其从事违法经营活动的场所，扣押从事违法经营活动的专用工具、设备。

《中华人民共和国行政处罚法》第六十三条规定，行政机关拟作出下列行政处罚决定，应当告知当事人有要求听证的权利，当事人要求听证的，行政机关应当组织听证：

（一）较大数额罚款；
（二）没收较大数额违法所得、没收较大价值非法财物；
（三）降低资质等级、吊销许可证件；
（四）责令停产停业、责令关闭、限制从业；
（五）其他较重的行政处罚；
（六）法律、法规、规章规定的其他情形。

当事人不承担行政机关组织听证的费用。

本条规定了行政处罚的听证程序的范围，凡是满足本条几种情形的，行政机关均具有应告知当事人听证权利的义务。首先，没收财产虽然没有在法条中显现，但根据该条第五款可以看出本条属于不完全列举，没收财产与明文列举的以上几款均属于其他较重的行政处罚，是与其他对相对人产生较大影响的行政处罚类似的。其次，比照《四川省行政处罚听证程序暂行规定》第三条"本规定所称较大数额的罚款，是指对非经营活动中的违法行为处以1000元以上，对经营活动中的违法行为处以20000元以上罚款"中对罚款数额的规定。

本案中，工商局没收黄某等三人32台电脑主机的行政处罚决定属于没收较大数额的财产，对相对人的利益产生重大影响。金堂公安局具有告知被处罚人听证权利的义务，但实际上并未告知，属于违反法定程序，应当为法院依法撤销。

104. 永久基本农田内建猪场，镇政府随意强拆合法吗？

□ 刘 崴

【案情简介】

尹某某为某市某区某镇居民，自 2005 年 4 月起在该区的永久基本农田内建有一处养殖场，系该养殖场合法所有权人。

某镇政府于 2023 年 6 月 14 日向尹某某送达《强制拆除决定书》（以下简称《决定书》），该《决定书》责令尹某某在收到决定书之日起三日内自行拆除在永久基本农田内建设的养殖场，逾期不拆除的，某镇政府将依法强制拆除。

尹某某不服某镇政府作出的行政决定，于 2023 年 6 月 14 日向法院提起行政诉讼，请求依法撤销某镇政府作出的强拆决定。

【判决结果】

撤销被告某镇政府作出的《强制拆除决定书》。

【律师解读】

一、某镇政府作出的《强制拆除决定书》事实认定不清

本案中，某镇政府虽然向某区土地行政主管部门函询了案涉建筑的规划审批情况，进行了现场检查、勘验、取证和测绘工作，但未对案涉建筑的建设时间、占地类别、建设背景、建设用途等情况进行详细调查，也未依法对尹某某进行询问，且未告知其应当享有的陈述、申辩权利，而径直作出强拆决定，属于认定事实不清。

二、某镇政府作出的《强制拆除决定书》的程序违反法律规定

某镇政府在未保障尹某某司法救济权利、未履行催告程序的情况下，即作出了强拆决定，且未提供证据证明已经向尹某某依法送达强制拆除决定，违反了《中华人民共和国行政强制法》规定的法定程序，显然属于程序违法。

三、某镇政府依据《中华人民共和国城乡规划法》第六十五条、《北京市禁止违法建设若干规定》第五条第三款的规定，具有对本行政辖区内违法建设查处的法定职责，系本案适格被告

某镇政府作为基层行政机关，在对涉嫌违法建设进行查处的过程中，应当进行充分的调查取证，以保证事实认定正确，同时要严格遵守执法程序，切实保障当事人的合法权益。同时，某镇政府在作出行政决定的制式法律文书中，应当明确写明行政相对人享有的行政复议、行政诉讼权利，确保法律规定在行政执法办案中得到不折不扣的执行。

105. 行政行为违法，为何不予撤销？

□ 于创开

【案情简介】

2020年10月7日18时许，在李某父母家，王某与丈夫李某因家庭琐事发生纠纷，继而发生肢体冲突，造成二人轻微外伤。某派出所于2020年11月5日作出《行政处罚决定书》，根据《治安管理处罚法》第四十三条第一款之规定，给予王某罚款500元的行政处罚。

王某不服某派出所作出的《行政处罚决定书》，于2020年11月17日向法院提起行政诉讼，请求：①确认某派出所行政行为违法；②撤销某派出所《行政处罚决定书》并重新作出决定。

【判决结果】

一、确认被告某派出所作出《行政处罚决定书》违法；

二、驳回原告王某的其他诉讼请求。

【律师解读】

《中华人民共和国治安管理处罚法》第九十一条规定，治安管理处罚由县级以上人民政府公安机关决定；其中警告、五百元以下的罚款可以由公安派出所决定。某派出所具有作出500元罚款行政处罚的职权。

王某提出公安机关认定事实错误，系李某对其实施家庭暴力，而非夫妻打架。家庭暴力是指行为人以殴打、捆绑、残害、强行限制人身自由或者其他手段给家庭成员造成身体、精神伤害后果的行为。家庭暴力的核心是权力和控制，加害人具有通过暴力伤害达到控制目的的主观故意，多呈现周期性，并不同程度地造成受害人心理伤害，导致受害一方因恐惧屈从于加害方。

李某与王某因家务琐事发生争执，未体现出周期性或因特定事项而发生的特征，打架过程中双方都有争吵动手，并未体现出李某通过暴力控制王某的主观目的，打架后李某也未对王某实施任何控制，且李某在此次事件中亦受到多处明显外伤。公安机关根据打架双方的询问笔录、在场的证人证言、现场勘验、伤情检验情况，认定王某与李某打架，并考虑双方系夫妻关系，有年幼的孩子需要照顾，给予双方500元罚款的治安管理处罚，事实清楚，证据确实充分，法律适用并无不当。

需指出的是，参照公安部《公安机关办理行政案件程序规定》第五十二条规定。派出所在本案调查取证程序中，存在办案人员身份不符合规章规定的情形，但在办案过程中，办案人员并未采取刑讯逼供或者采用威胁、引诱、欺骗等非法手段收集证据，属于程序轻微违法。《行政诉讼法》第七十四条规定，行政行为有下列情形之一的，人民法院判决确认违法，但不撤销行政行为：（二）行政行为程序轻微违法，但对原告权利不产生实际影响的。

综上，法院依法确认某派出所行政行为违法，但对王某权利不产生实际影响，不予撤销。

后 记

  随着春风的轻拂，大地苏醒，万物复苏，我们又一次迎来了充满生机与希望的春天。在这样的季节里，我们完成了《"律师说法"案例集(8)》的编写工作，愿这些凝结着智慧与经验的文字，能如春日的阳光，为读者带去温暖与启示。在这个充满希望的季节里，愿我们每一位律师都能不忘初心、牢记使命，以更加饱满的热情和专业素养，为法治社会的建设贡献自己的力量。同时，也愿我们的努力能够为社会带来更多的积极影响，让法治的阳光普照每一个角落，让公平正义成为社会的共识和追求。

  2024年是中华人民共和国成立75周年，是实现"十四五"规划目标任务的关键一年。《"律师说法"案例集(8)》成功交付出版，继续为法治建设添砖加瓦。

  回顾过去的一年，我深切感到，作为律师，我们不仅是法律的捍卫者，更是法治社会的建设者和推动者。每一个案例的背后，不仅反映了社会的复杂性与多变性，也体现了人们对公平正义的追求与坚守。无论是刑事辩护的惊心动魄，还是民事纠纷的繁杂琐碎，我们都要以事实为依据，以法律为准绳，努力为当事人争取合法权益，为社会的和谐稳定贡献自己的力量。"盈科律师一日一法"核心团队不忘初心、肩负使命。从2019年7月16日至2023年12月22日，我们编辑出版了七部《"律师说法"案例集》图书，在中国法治的蓝天上，盈科律师铸造出了一道靓丽彩虹。

  从第八部到第十四部《"律师说法"案例集》，我们继续采用赤橙黄绿青蓝紫七种颜色做封面。《"律师说法"案例集(8)》将采用红色封面，

后　记

配有北斗七星图案，代表着人们对法律的尊重，把法律知识视为天空中的北斗星。

目前，"盈科律师一日一法"公众号刊发案例1200多期，被多家公众号转发，被今日头条、百度、搜狐网、新浪网、新浪微博、小红书等200多家网站转载。投稿作者有来自20多家分所的律师，共计160余人。

《"律师说法"案例集（8）》选择的是从2023年7月1日至2023年12月31日发布的案例。在编写本书的过程中，我精选了多起具有代表性的案例，通过对案例的深入剖析和解读，旨在帮助读者更好地理解和运用法律知识，增强法律素养和风险防范意识。同时，也希望通过这些案例，能够使更多的人认识和尊重法律，共同推动法治社会的进步和发展。

本书总共分五个部分，包括民事法案例43篇、刑事法案例34篇、公司法案例9篇、劳动法案例8篇、行政法案例11篇，合计105篇。

在策划郝惠珍，监审车行义，编委会侯晓宇、张建武、郭灿炎、张璐、李炎朋、王瑞、林玲、岳广琛等人的大力支持下，在代现峰、曲衍桥、武景生、高庆、汤学丽、鲁蕊、赵爱梅、刘园园、温奕昕、侯蒙莎、庞立旺、白雪娇、胡克丽、祝辉良、王光华等律师的辛苦付出下，从2024年1月1日开始，历经多次审稿，本书终于汇编成集。历经众人的奋笔疾书，第八部案例集终于编辑成书。

最后，感谢所有支持我编写本书的朋友和同事们，感谢你们的鼓励和帮助，感谢《"律师说法"案例集（8）》编写过程中的所有参与者，是你们的辛勤付出让这样一部宝贵的案例集得以面世。感谢每一位读者的关注和支持，希望《"律师说法"案例集（8）》能够为大家带来帮助和启示，让我们携手共进，共同迎接更加美好的未来！

"盈科律师一日一法"主编　**韩英伟律师**
盈科北京刑民行交叉法律事务部主任

2024年3月11日于北京